逃废银行债务
典型案例选编

中国银行业协会"保权打逃"办公室◎编

中华工商联合出版社

图书在版编目（CIP）数据

逃废银行债务典型案例选编 / 中国银行业协会"保权打逃"办公室编 . — 北京 : 中华工商联合出版社，2020.12

ISBN 978-7-5158-2915-9

Ⅰ . ①逃… Ⅱ . ①中… Ⅲ . ①银行贷款—不良贷款—案例—汇编—中国 Ⅳ . ① D922.282.5

中国版本图书馆 CIP 数据核字（2020）第 201794 号

逃废银行债务典型案例选编

作 者：	中国银行业协会"保权打逃"办公室
出 品 人：	李 梁
责任编辑：	吴建新
封面设计：	张合涛
版式设计：	北京东方视点数据技术有限公司
责任审读：	于建廷
责任印制：	迈致红
出版发行：	中华工商联合出版社有限责任公司
印 刷：	北京市毅峰迅捷印刷有限公司
版 次：	2021 年 1 月第 1 版
印 次：	2021 年 1 月第 1 次印刷
开 本：	710mm×1000mm 1/16
字 数：	210 千字
印 张：	16.75
书 号：	ISBN 978-7-5158-2915-9
定 价：	88.00 元

服务热线：010-58301130-0（前台）

销售热线：010-58302977（网店部）
010-58302166（门店部）
010-58302837（馆配部、新媒体部）
010-58302813（团购部）

地址邮编：北京市西城区西环广场 A 座
19-20 层，100044

http://www.chgslcbs.cn

投稿热线：010-58302907（总编室）

投稿邮箱：1621239583@qq.com

工商联版图书

本书编委会

编委会主任：潘光伟

编委会成员：潘光伟　胡忠福　张　芳　杨险峰　张　亮
　　　　　　古　瑞　周更强　郭三野　金淑英　艾亚萍
　　　　　　高　峰　卜祥瑞

主　　　编：卜祥瑞

参编人员：王桂学　马　强　朱　婷　叶　畅　刘　泉
　　　　　许传祥　李云礼　汤晨钟　吴春晓　潘家文
　　　　　柳力心　周琼琼　陈　舒　蒋晓静

评审人员：于春露　牛玉娇　王鸣岐　王丽丽　毛卫东
　　　　　包　正　吴成臣　沈凯鹏　冷月侨　陆忠虎
　　　　　宋少源　施俊杰　顾保华　高海涛　鲁　葵
　　　　　程建梅

工作人员：柴建红　吴　璠

打击逃废银行债务
依法保护银行债权

丁酉鸡年春　潘光伟书

中国银行业协会党委书记、专职副会长潘光伟题字

前　言

　　金融是现代经济的核心，金融安全是一个国家经济和政治安全的重要条件和保证。"依法保护银行债权，打击逃废银行债务"是防范和制止企业违约失信、逃废金融债务的重要手段，也是保护银行合法权益、保证经济金融稳定的重要举措，中国银行业协会把打击恶意逃废银行债务提高到确保不发生系统性金融风险和巩固金融安全的高度来认识，组织开展"四个一批"专项活动，着力维护银行业的合法权益，先后多次开展了"通报一批""公示一批""督办一批"等活动，对逃废债企业及其关联企业进行内部通报、公开曝光，采取停止授信、不开新户等措施，对逃废债企业起到了一定的威慑作用。

　　中国银行业协会"通报一批"活动涉及 167 家银行业金融机构，共通报逃废债企业 1372 家，涉及贷款本息 3097 亿元；"公示一批"活动涉及 118 家银行业金融机构，公开曝光逃废债企业 1106 户，涉及贷款本息 2218 亿元；积极与最高人民法院、公安部等司法机构联系"督办一批"胜诉未执行案件。不少企业受到通报和公开曝光后，主动咨询债权管理部门，积极与债权银行商讨偿债事宜。对确有还款表现或重新落实债权的逃废债企业及时移出通报和公示名单，起到了良好的示范效应。"四个一批"活动取得了阶段性成果，为会员单位收回大量债权，震慑了失信债务人，得到了社会各界的广泛关注和赞誉。

为深入把握各会员单位债权保护机制运行状况，依法惩治逃废银行债务的不法行为，指导各会员单位对打击逃废银行债务典型案例的学习理解，更好地开展打击逃废银行债务工作，中国银行业协会向各会员单位发起征集逃废银行债务典型案例活动，组织编撰了《逃废银行债务典型案例选编》一书，供会员单位参阅。

该书紧密结合实际案例，深入浅出，对真实案例进行分析和点评，对中国银行业协会开展"四个一批"专项活动以来的资料进行汇总整理，收集国家有关部门关于完善守信联合激励和失信联合惩戒的重要文献资料作为工作参考。相信对广大会员单位有较好的借鉴意义，对金融监管机构也具有一定的参考价值。

中国银行业协会

"保权打逃"办公室

2020 年 1 月

目 录

附录一：中国银行业协会开展"依法保护银行债权，打击逃废银行债务"专项活动有关资料

案例 1　某 HX 电子集团有限公司转移财产实施破产逃废巨额债务案

【案情摘要】某 HX 电子集团有限公司（以下简称"HX 公司"）作为保证人提供担保的债权本息合计 16345 万元，J 市相关政府部门通过下发文件的形式将其持有的其他企业的股权无偿划入 J 市中小企业担保公司，而后 HX 公司因资不抵债申请宣告破产，从而达到逃废巨额债务的目的。某资产管理公司（以下简称"C 资产管理公司"）在接收该部分债权后，打破传统观念，改为直接起诉无偿接收 HX 公司资产的 J 市中小企业担保公司，并取得了一审胜诉的理想结果（现被告已上诉），有效维护了自身合法权益。

一、基本案情

2011 年 3 月 15 日，C 资产管理公司收购了 J 省国有资产经营管理有限公司持有的四户债权，保证人均为 HX 公司，担保债权本息合计 16345 万元，四户债权购入值合计 3800 万元。为达到逃废债务目的，HX 公司在 J 市政府支持下，借助地方保护、行政干预等手段，通过转移资产实施破产，千方百计阻挠干扰案件进展。

2008 年 2 月 15 日，经 HX 公司申请，J 市国资委下发文件同意将 HX 公司持有的 HW 电子股份有限责任公司（上市公司）2000 万股国有法人股移交给 J 市政府，由 J 市政府安置职工，支付职工安置费。2008 年 10 月，J 市国资委先后向 J 市人民政府、J 省国资委申请将该 2000 万股国有法人股无偿划入 J 市中小企业担保公司，获得 J 市政府书面批准。J 省国资委报请国务院国资委核准，后者作出同意股权划转的书面批复。2009 年 1 月 15 日，上述股权无偿划转事宜的过户登记手续办理完毕。

2011 年 4 月 15 日，HX 公司向法院申请破产，C 资产管理公司依法向破产管理人申报了债权，因 C 资产管理公司诉 HX 公司担保责任案件未审结，债权未得到确认。在破产清算过程中，由于 HX 公司破产财产不足以清偿第一顺位的劳动债权，2011 年 8 月 24 日，法院裁定终结 HX 公司破产清算程序。2013 年 5 月 13 日，省工商行政管理局核准 HX 公司注销登记。

二、维权措施

针对 HX 公司和 J 市政府通过转移资产实施破产逃废债务的行为，C 资产管理公司高度重视，专题研究对策，坚持依法维权。采取了同步推进 HX 公司股权转让撤销权案件和 HX 公司保证合同纠纷案件的诉讼措施，在取得保证合同纠纷案件胜诉后，根据案情变化及时调整策略，向省高级人民法院起诉 J 市中小企业担保公司和 J 市国资委侵权赔偿案。

（一）提起 HX 公司股权转让撤销权诉讼

针对 HX 公司无偿转让其持有的上市公司 HW 电子股份有限公司 2000 万股股权的行为，2010 年 12 月 20 日向 J 省高级人民法院提起股权转让撤销诉讼。J 省高级人民法院先因诉讼主体变更因素裁定驳回 J 省国资公司起诉，J 省国资公司向最高人民法院提起上诉。

2013 年 8 月 5 日，最高人民法院裁定撤销 J 省高级人民法院原裁定，指令 J 市开发区法院审理本案，但在庭审中被告 HX 公司不出庭，拖延诉讼进程。针对该案面临的具体情况，项目组人员与代理律师认真分析研究案情，认为撤销权诉讼胜诉概率低，耗时漫长，股权撤销权案件即使胜诉，也将陷入破产程序，不能分配到任何财产，不能从根本上解决问题和维护权利。及时撤回诉讼还可退回部分诉讼费，减少不必要的损失。如直接起诉 J 市中小企业担保公司和 J 市国资委侵权赔偿，胜诉后可直接获得赔偿，并且最高人民法院有相关案例参考，胜诉概率较大。为最大限度维护权益，C 资产管理公司决定撤回撤销权诉讼，2015 年 1 月 29 日，法院裁定准予撤回起诉。

（二）提起 HX 公司保证合同纠纷案件

在 C 资产管理公司接收该四户债权前，2010 年原债权人 J 省国资公司已将保证人 HX 公司诉至 J 省高级人民法院，并获得一审胜诉判决。HX 公司向最高人民法院提起上诉，最高人民法院裁定撤销原判，发回重审。C 资产管理公司接收债权后，J 省高级人民法院开庭审理后以该案件实为四个独立的诉讼，不属于其管辖为由，裁定驳回了起诉。C 资产管理公司向最高人民法院提出上诉，最高人民法院裁定撤销 J 省高级人民法院民事裁定，由 J 省高级人民法院继续审理。2013 年 12 月 11 日，J 省高级人民法院一审判决原告享有本金 6663 万元人民币、480 万美元及利息 4465 万元人民币、59 万美元的担保债权。HX 公司再次提起上诉，2014 年 12 月 27 日，最高人民法院就该案作出二审判决，驳回上诉，维持原判。至此，经过不懈努力，C 资产管理公司取得该案最终胜诉。

（三）提起 J 市中小企业担保公司和 J 市国资委侵权赔偿诉讼

C 资产管理公司在取得 HX 公司保证合同纠纷案件胜诉，确认担保债权后，根据案情变化及时调整策略，2015年1月29日向省高级人民法院起诉J市中小企业担保公司和J市国资委侵权赔偿案。省高级人民法院立案后，二被告提出管辖权异议，被驳回。二被告不服，向最高人民法院提出上诉，最高人民法院裁定驳回上诉，维持原裁定。2016年9月12日，省高级人民法院一审判决J市中小企业担保公司在其无偿接收HX公司持有的HW电子股份有限公司2000万股股权受益范围内，对HX公司所欠C资产管理公司的20924万元债务本息承担连带清偿责任。至此，C资产管理公司对HX公司逃废债行为穷追不舍，历时五年多的诉讼维权工作终于取得了初步成果，但J市中小企业担保公司已向最高人民法院提起上诉，维权过程仍有一段艰难的路程。

三、案件分析

（一）维权难点

某些地方政府利用其权力资源和影响，以支持企业改制发展为借口，采用重组、破产等貌似合理合法的手段，达到逃废银行债务的目的。本案中，HX公司利用在商业银行和资产管理公司转让金融债权过程中，因债权人变更和交接可能形成维权断档期、真空期，采取转移资产、实施破产改制来逃债。诉讼过程中，债务人通常还会提出资产管理公司不是直接贷款人、贷款未实际发放、诉讼时效未中断等理由阻止债权实现，干扰和拖延诉讼进程，或是利用管辖权异议争取案件在当地法院审理，从而达到政府干预案件审理，实现逃废债务的目的。

（二）案件启示

1.灵活调整诉讼思路是打赢案件维护债权的有效前提。C资产管理公司面对复杂案情，坚持到底不放弃，打破传统观念，灵活调整策略，综合考虑政府主导下破产分配受偿几乎为零、案件难以胜诉等不利因素，及时撤回撤销HX公司股权转移案件诉讼申请，重新向J省高级人民法院起诉J市中小企业担保公司和J市国资委侵权赔偿案，最终赢得一审胜诉。

2.借助优秀律师团队，加大代理力度是案件胜诉的保证。为有效推进案件进展，C资产管理公司聘请了业务能力优、公关能力强的北京某律师事务所与吉林某律师事务所组成合作团队代理此案，合理提高代理费，充分调动律师的积极性，实现优势互补。C资产管理公司定期听取代理律师关于案件的进展汇报，组织经办人员与代理律师进行案情交流，分析确定下一阶段应采取的措施。通过代理律师的有力推进，保证案件取得实质进展。

四、相关建议

（一）制定并完善打击逃废银行债务的法律法规

建议加强对逃废金融债权的打击力度，完善《刑法》对逃废金融债务行为的惩治和制裁规定，完善或修订《破产法》，防止企业利用破产逃废债务。

（二）增强金融系统防范逃废债风险的能力

1.坚决杜绝地方保护主义。企业主管部门要正确处理经济发展与金融业发挥作用的关系，充分认识到金融环境不好，经济发展就不能持久，金融出现风险，经济就会停滞、萎缩，决不能以最终牺牲整个地方经济的巨大代价来换取个别企业逃废银行债务，扩大金融风险，暂时缓解企业困难。因此，政府在指导企业改制过程中，要把保全银行资产放到十分重要的位置，在银行债务未落实前不得批准企业改制。同时，加大追收银行债务的力度，凡是有还本付息能力的企业，政府应采取有效措施，组织企业及时还本付息。对那些恶意逃废债务的企业，应加大打击力度，毫不手软地依法处置他们的资产，最大限度地偿还银行债务。要坚持按市场经济规律办事，培养企业自主生存发展的能力，杜绝地方保护主义，避免产生新的逃废债，确保银行资产安全。

2.金融系统严格落实各项规定。进一步落实禁止企业多头开户的规定，严格执行一个企业只开一个基本账户的规定。监管机构应充分发挥组织协调作用，指导商业银行建立自律机制，健全内控制度，营造良好、有序的竞争环境，及时通报和共享逃废银行债务的企业名单，支持金融机构联合防范逃废债务。各商业银行要不断提高防范金融风险意识，依法合规办理业务。

3.依法追究逃废债务的企业主管部门负责人的责任。严格落实领导责任制，对于恶意逃废债务的企业主管部门负责人应当追究相应责任，从根源上防止此类案件的屡次发生。同时考虑到当地行政部门的影响范围，建议该类案件的管辖权能够由当地政府所在地法院的上一级人民法院管辖，或者由上级人民法院指令其他地区的法院管辖，以避免行政干预案件审理。

（作者：中国长城资产管理公司长春办事处　潘家文）

【编审点评】

实践中，债务人通过将主要财产无偿或以明显不合理低价转让给关联公司等交易对手的方式逃废金融机构债务的做法并不鲜见，如何运用准确的法律依据、选择恰当的法律武器进行有效应对和防范，这是债权救济中面临的难点。在本案中，针对债务人所持股权被无偿转移的情形，债权人首先选择适用《合同法》第七十四条的规定，申请撤销股权转让行为，试图通过撤销之诉使被转让的股权恢复原状，继而扩大受偿来源。但在诉讼过程中遭遇了胜诉概率低、诉讼耗时长等障碍，即使股权撤销权案件胜诉，也可能面临在破产程序中不能分配到任何财产的困境。债权人根据案情变化及时调整了诉讼策略，撤回股权转让撤销之诉，重新提起第三人侵权赔偿之诉，最终于2016年9月赢得一审胜诉。

根据最高人民法院2016年8月发布的《关于民事执行中变更、追加当事人若干问题的规定》第二十五条，被执行人财产依行政命令被无偿调拨、划转给第三人，致使被执行人财产不足以清偿生效法律文书确定的债务，人民法院可依法追加或变更该第三人为被执行人，要求其在接受财产范围内承担责任。在该项新规发布后，如发现被执行人财产转移给股东、出资人、主管部门或其他第三人，债权人应重点考察相关财产转移的具体时间、实施背景及原因、受让方是否支付相应对价、是否存在故意逃废银行债务等行为，在收集掌握有利证据的情况下，及时向法院提出变更或追加申请，通过变更或追加被执行人进行救济。

（点评人：中国工商银行总行法律部高级经理　于春露）

案例2 某县FD公司转移资产逃废银行债务案

【案情摘要】在经济改革转型过程中,恶意逃废银行债务行为屡禁不止,导致信贷资产损失严重。依法维护银行债权,整顿和规范银行与企业之间的信用关系是银行系统乃至政府的重要工作之一。本文通过对一家逃废债企业案例的调查,结合该案中取得的经验教训,剖析各方应对措施重点,同时提出若干措施及政策建议。

一、基本案情

某县FD汽车用品有限公司(以下简称"FD公司")成立于2000年5月23日,法定代表人裴某,注册资本2000万元。该企业因涉及担保链及民间借贷等影响陷入困境,无法偿还T农商银行2013年发放的贷款880万元,贷款担保人也丧失偿还能力。出现经营风险后,FD公司于2013年成立了新公司某县JX汽车用品有限公司(以下简称"JX公司"),并迅速将原公司拥有的经营设备、经营材料、购销渠道及公司人员等全部无偿转移到新公司名下,虽然部分资产已经被银行保全,但大部分资产已经转移。该企业从上海、杭州聘请专业律师专门负责债务诉讼,千方百计转移资产。新成立的JX公司注册资本5000万元,年营业额约3000万元,利润约300万元,法定代表人付某,但实际控制人仍为FD公司法定代表人裴某。目前FD公司已停产且负债过大,无偿还能力。

三、案件分析

（一）维权难点

1. 企业转移资产证据收集难。目前企业逃废债的普遍操作方法是先注册新公司，再暗中转移原公司资产、业务和人员。由于信息不对称，银行很难了解每一户企业资产的实时情况，一般情况下对已经转移的资产也很难掌握到具体的证据，导致原公司无力承担债务，新公司作为独立法人又不承担原公司的债务，最终出现逃废债现象。

2. 银行难以及时制止企业转移资产的行为。过去企业资产转移的时间最短也要一个月，长的可达半年以上，信贷人员有足够的时间了解情况，及时采取有效制止措施。但现在不少企业转移资产的动作非常迅速，手法不断翻新，银行很难有时间做出反应。

3. 政府打击力度不够。对于某些逃废债企业，一些地方政府从保持稳定的角度出发，减轻了对企业恶意逃废债行为的打击力度，从而形成负面效应，导致地区金融信用环境恶化，最终无形中推动了恶意逃废债行为的产生。

（二）经验教训

1. 及时开展贷后检查。贷后检查是预防企业逃废债的第一道防线，信贷人员必须改变"重贷前轻贷后"的思想观念，确保及时发现风险。在该案中，如果能通过贷后检查早一步发现风险，提前介入并制止企业的资产转移行为，将为银行挽回不少损失。

2. 及时采取法律清收手段。对出现风险的企业应及时提起诉讼，抓紧保全企业资产。本案初期银行采取了协商盘活的方式与企业谈判，延缓了向企业追索债权的进度，反而给企业逃废债行为留下了操作空间。

3. 依法妥善应对职能部门执法。部分法院在审理案件过程中，一味听信于政府，盲目套用政策，有意偏袒企业，不承认企业的逃废债行为。某些职能部门执法手段弱化，导致逃废债之风愈演愈烈。针对这些情况，银行自身应多关注案件本身，妥善应对，提前堵上企业想钻的法律空子，不给逃废债企业可乘之机。

四、启示和建议

（一）银行自身应积极加强信贷管理

银行要认识到自身管理上的不足，健全贷款风险防范措施，加强对企业逃废债行为的提前预警，解决发现问题不及时、政策宣传不积极、参与程度不到位等问题。要加强与政府、司法机关的协调沟通，取得其理解和支持，使其对金融债权予以高度关注，干预企业的逃废债务企图，协助银行清收不良贷款。组织专门清收队伍积极追索债权，对于一些还贷意识尚存、生产经营没有完全终止的企业，银行应积极捕捉信息，掌握主动权，消灭逃废债"苗头"，尽力保全资产。

（二）修订完善相关法律，规范企业破产行为

严格规范各类企业的破产行为，防止企业通过破产欺诈损害债权人的利益。完善破产程序中债权人保护机制，健全债权人面临债务人逃废债时的救济程序，引导各级法院积极地适用企业破产案件审理简易程序，缩短破产审理的时间。进一步修订《刑法》，对恶意逃废债行为做出明确界定，并加大经济处罚力度，对破坏社会信用

秩序、恶意逃废债的主要责任人应追究其刑事责任。

（三）加强同业交流和业务培训

监管机构或行业协会应加强对逃废债处理的业务培训和经验交流，帮助银行完善相应的处置流程，针对逃废债企业建立"黑名单"制度，禁止其信贷准入。

（作者：天台县农商银行　汤晨钟）

【编审点评】

本案债务人通过成立新公司并向其转移主要资产来逃废银行债务的做法，属于滥用公司独立法人地位和股东有限责任来逃避债务的行为，严重损害了公司债权人利益，在法律上可探索运用法人人格否认制度进行追索。根据《公司法》第二十条规定："公司股东滥用公司独立法人地位和股东有限责任逃避债务，严重损害公司债权人利益的，应当对公司债务承担连带责任。"在实践中，债权人应重点关注债务人与新成立公司或关联企业之间是否存在人员混同、财产混同、业务混同、场所混同、财务混同等事实，多渠道收集能够佐证上述事实的有利证据，严密论证法人人格混同并损害债权人利益情形，及时依据《公司法》上述规定向法院提起追索诉讼。针对债务人股东或实际控制人为逃避债务，恶意设立关联公司，并将具有经营价值的财产及业务转移到关联公司的行为，也可以依据上述规定请求法院否定关联公司的独立法人人格，要求其对原公司的债务承担连带清偿责任。如难以证明新公司与原债务企业构成法人人格混同的，也可通过提起撤销恶意处置资产行为或确认资产转让合同无效的诉讼来进行追索。

（点评人：中国工商银行总行法律部高级经理　于春露）

案例 3　某特种车制造厂借助执行终结程序逃废债务案

【案情摘要】债务企业逃废金融债务问题，破坏了我国正常的金融环境，严重影响了金融业的稳定运行和健康发展。D 资产管理公司积极履行"化解金融风险，盘活存量资产"的金融职能，通过法律等多种手段打击债务企业逃废债行为。某特种车制造厂债权案件就是一起较为典型的利用司法手段逃废金融债务的案例，经过 D 资产管理公司及外聘律师的共同努力，该案已取得阶段性成果，为最终债权追偿和打击逃废债奠定了良好基础。

一、基本案情

2003 年 8 月至 2003 年 11 月期间，某特种车制造厂在某分行累计借款本金 9500 万元，合同到期后，某特种车制造厂未能按期偿还借款本金及利息。某分行向法院提起诉讼，后与某特种车制造厂达成和解，法院于 2005 年 4 月 29 日做出民事调解书，被执行人某特种车制造厂自愿偿还借款本金 9500 万元及相应利息。调解书生效后被执行人拒不履行法律文书确定义务，应某分行的申请，法院于 2005 年 4 月 30 日立案强制执行。至 2005 年 5 月 19 日，某特种车制造厂偿还本金 2000 万元，剩余债权于 2005 年 7 月 23 日转让给 D 资产管理公司。2005 年 7 月 8 日，某分行向法院提交终结执行申请书，2005 年 8 月 18 日法院做出民事裁定书，终结执行该户债权。

D 资产管理公司受让该户债权后，对前期诉讼和执行情况进行认真研究，认为某特种车制造厂案件执行法院的执行行为存在多处问题，债务人企业名下仍有大量财产，存在将资产转移至改制后企业，并借助执行终结程序逃废债的嫌疑。该执行法院做出终结执行的民事裁定是错误的，严重侵害 D 资产管理公司作为债权继受人的权益，且债务人具备恢复执行的条件，如不采取措施进行追偿，D 资产管理公司债权将面临巨大损失。

二、维权措施

2016 年 3 月，D 资产管理公司依据最高人民法院《关于对人民法院终结执行行为提出异议期限问题的批复》（以下简称《批复》），及时向执行法院（某中级人民法院）提起执行终结异议申请，要求依法撤销终结裁定和恢复执行，并外聘专业律师协助追偿。但该法院以超过法定期限为由，既不立案也不作出裁定。D 资产管理公司向省高级人民法院提出异议，2016 年 4 月 20 日，省高级人民法院裁定指令某中级人民法院在收到裁定后 3 日内立案。

2016 年 5 月，该中级人民法院根据最高人民法院《关于执行工作中正确适用修改后民事诉讼法第二百零二条、第二百零四条规定的通知》（法明传〔2008〕1223 号，以下简称《通知》）规定，认为其 2005 年作出的终结执行裁定系 2008 年 4 月 1 日前的执行行为，对该执行行为提出的异议，不属于民事诉讼法规定的执行异议范畴，裁定驳回异议申请。D 资产管理公司与代理律师研究论证后，向省高级人民法院提交《执行异议申请书》，同时向执行法院提交《恢复执行申请书》。为进一步加大协调力度，D 资产管理公司还向省高级人民法院提交《关于恳请保护申请执结异议权利的情况反映》。经多渠道推动，2016 年 9 月 14 日，省高级人民法院裁定撤销该中级人民法院做出的一审裁定，认为该案符合恢复执行条件。目前，D 资产管理公司已向该中级人民法院提起恢复执行申请，债权追偿取得阶段性胜利。

三、案件分析

（一）维权难点

针对 D 资产管理公司提起的执行异议申请，某中级人民法院以终结执行行为发生在 2008 年 4 月 1 日前为由驳回执行异议申请，从程序上否定了 D 资产管理公司申请执行异议的权利，严重影响了债权的进一步追偿。

D 资产管理公司及相关律师积极对《批复》规定和债权追偿措施进行研究论证，认为《批复》具有溯及力，某中级人民法院以 2008 年 4 月 1 日为时点对当事人是否具有执行终结异议权利进行划分的做法，违背最高人民法院出台《批复》的背景和目的。同时，从法律适用上来看，《通知》仅仅为法院系统内部的文件规定，不是法律规定，也非司法解释，其效力明显低于《批复》。另外，《批复》的发布时间为 2016 年，晚于 2008 年发布的《通知》，因此，《批复》的效力显然优先于《通知》的规定，某中级人民法院依据《通知》规定驳回执行人提出的执行异议，存在法律适用不当问题。

针对该户债权，某中级人民法院于 2005 年 8 月 18 日作出终结执行裁定后，被执行人某特种车制造厂又于 2005 年 8 月 26 日和

2005年9月22日将其名下土地和房产出售、变更给其他公司，充分说明法院终结裁定时，被执行人尚有大量财产可供执行。D资产管理公司经办人及代理律师积极到房管局、国土局等单位进行调查，发现被执行人名下还拥有大量商标、专利权等财产，完全有履行债务的能力。根据《民事诉讼法》第二百五十四条规定："人民法院采取本法第二百四十二条、第二百四十三条、第二百四十四条规定的执行措施后，被执行人仍不能偿还债务的，应当继续履行义务。债权人发现被执行人有其他财产的，可以随时请求人民法院执行。"最高人民法院《关于执行案件立案、结案若干问题的意见》第六条规定："下列案件，人民法院应当按照恢复执行案件予以立案……（五）依照民事诉讼法第二百五十七条的规定而终结执行的案件，申请执行的条件具备时，申请执行人申请恢复执行的。"依据这些规定，某中级人民法院应当恢复案件的执行程序，继续要求债务人履行义务。

（二）风险点

1.财产线索查找难是导致执行难的关键。债务人有财产却找不到，是所有执行难案件面临的主要问题。被执行人通过各种手段隐藏、转移财产，人为制造执行障碍，致使债权人寻找财产线索非常困难。部分地区存在地方保护主义，当地国土资源、房管、市场监管等部门不配合，进一步增加了查询财产线索的难度。

2.债务人利用法律制度不完善之处实施逃废债。虽然最高人民法院下发了《批复》，仍有个别地区法院拒绝受理执行异议申请，或者对执行异议申请予以搁置，这给D资产管理公司的金融债权恢复执行工作造成了很大困扰。

3.金融机构难以及时甄别和防范企业的道德风险。作为贷款方的金融机构和借款方的企业之间存在着严重的信息不对称，金融机构对企业的经营状况和经营者的道德品质不可能有全面的了解，金融机构没有足够的时间和精力对企业进行深入考察，难以提前防范企业潜在的逃废债务风险。

四、启示和建议

（一）充分发挥金融行业整体合力，共同保全金融资产

金融机构要加强账户管理，约束资金体内循环，加大监管力度；加强信贷登记咨询系统建设，使各金融机构互通信息，相互配合，联手打击逃废债行为；对逃废债企业进行公示，监管部门要以"黑名单"的方式向社会公布，形成"过街老鼠人人喊打"之势；及早实施查封、列入失信人名单、限制高消费等强制措施，给债务企业施加压力。

（二）完善执行的法律法规，坚决打击逃废债行为

加快推进对失信被执行人跨部门协同监管和联合惩戒机制建设，构建"一处失信，处处受限"的信用监督、警示和惩戒工作体制机制，增强法院执行查控能力。同时，地方政府职能部门应当积极配合财产线索查询工作，减少地方保护主义。

（作者：中国长城资产管理公司济南办事处　吴春晓）

【编审点评】

强制执行是保障金融机构债权实现的重要法律程序，没有司法强制执行的实施，绝大部分金融机构债权就得不到履行。同时，执行行为不规范、执行操作不合法也会给银行权益带来损害，本案就

是债务人借助不规范执行行为逃废债务的一起典型案例。近年来，最高人民法院向全社会做出"要用两到三年时间解决执行难问题"的庄严承诺，其中一个重要环节就是强化人民法院的执行规范化建设。金融机构要充分利用法院强化执行规范化建设的契机，密切关注法院执行工作的规范性、合法性，重点关注执行人员在文书送达、财产查控、案款分配、执行公开、失信惩戒等方面是否按规定履行职责，是否用足司法手段，以及执行过程中其他债权人行为的合法性。对存在执行不作为、消极执行、乱执行或其他违纪违规行为，侵犯银行合法权益的，应及时与相关法院进行沟通交涉、提出异议，或提起执行异议之诉，必要时申请上级法院依法纠正，或通过银行业协会、金融监管机构等反映情况，最大限度维护金融机构的合法权益。

（点评人：中国工商银行总行法律部高级经理　于春露）

案例4 某上市公司保证人抽调子公司资金对外投资以上诉程序拖延逃废债务案

【案情摘要】某省LQ服装有限公司在向某银行借款后，由于其母公司某省ZH股份有限公司抽调资金，无力偿还银行贷款。某省ZH股份有限公司作为上市公司及涉案借款保证人，在借款人贷款逾期期间仍对外进行大额投资，有能力偿还而未偿还银行借款，属于逃废银行债务的行为。目前，银行维权面临着方方面面的问题，需要银行加强自身信贷管理、健全信息共享平台以及完善司法制度体系，防范企业逃废金融债务。

一、基本案情

债务人某省LQ服装有限公司（以下简称为"LQ公司"）于2012年10月与某行建立授信合作关系，授信1000万元，由母公司某省ZH股份有限公司，及其实际控制人许某成、许某和连带保证。2014年4月起，借款人分三次向某行绍兴诸暨支行借款共计1000万元，借款最后到期日为2015年5月11日。

某省ZH股份有限公司为借款人母公司，成立于2002年2月25日，注册地点位于某省某市，2006年10月12日在深圳证券交易所中小企业板挂牌交易。LQ公司因母公司某省ZH股份有限公司（以下简称为"ZH股份"）前期大量投资锂电产业和锂矿，短期内无法产生现金流，且因涉及对外担保和实际控制人民间借贷诉讼，被厦门市中级人民法院列入失信被执行人，期间 ZH 股份大量抽调下属子公司资金，给受信人经营造成影响，现金流不足。2015 年 3 月 21 日，该公司发生本金欠息及逾期。贷款逾期时，债务人 LQ 公司仍在经营，且除涉案债务外无其他银行债务，保证人 ZH 股份的历次报告均显示其生产经营正常，其股价在 2015 年 3 月涉案借款逾期时为 11.30 元，并在 2015 年年底达到 31.88 元。ZH 股份作为保证人在未履行保证责任的情况下，仍于 2015 年 4 月投资 3 亿元用于锂辉石矿采选工程扩建项目。综上，可以发现债务人、保证人有能力偿还债务而未偿还。

二、维权措施

贷款出现风险后，某行向借款人、担保人催讨未果，于 2015 年 5 月 28 日向诸暨市人民法院起诉，8 月 12 日法院作出一审判决，判令银行胜诉。ZH 股份（保证人）在上诉期限内提出上诉，同年 10 月 27 日二审开庭，12 月 16 日 ZH 股份向法院撤回上诉。某行于 2016 年 1 月 6 日向法院申请强制执行，2016 年 3 月 2 日轮候冻结许某和、许某成在 ZH 股份的股权（第九轮）。截至 2018 年，借款人及保证人仍未清偿借款本息。本案中保证人通过上诉延长案件审理周期，诸暨市人民法院于 2015 年 8 月 12 日作出一审判决，但 ZH 股份提出上诉，之后又于同年 12 月 16 日撤回上诉，拖延了四个月时间，对银行债权清收和财产保全造成了较大困难。

三、案件分析

在目前经济发展遇到困难、区域风险依然严峻的形势下，银行面临的信用风险防控难度增大，处于存量不良资产难以快速处置及新增不良资产不断增加的两难境地。银行维权受到多个方面的掣肘和羁绊，银行维权方面普遍面临以下问题：

（一）银企信息不对称，银行维权"先天不足"

一是部分企业财务报表失真严重，企业为获取贷款，提供给银行的报表与真实财务状况差距较大，银行很难从企业提供的财务报表中获得真实的财务状况，对企业的经营状况难以全面了解。二是征信系统数据不够全面，且信息相对滞后，如人民银行征信系统，对小贷公司贷款、信托、资产管理计划等融资信息均未纳入，企业真正的融资状况无法全面了解，银监"三大平台"信息也比较滞后，且信息不够全面。三是民间借贷隐蔽性强，获取难度大，对于企业是否存在民间借贷，以及民间借贷规模有多大、利率如何，银行只能通过侧面渠道了解打听，信息准确性和时效性较差。四是虚假租赁查证难度较大，目前还未建立固定资产租赁登记制，对于债务人资产，特别是抵押物之上是否存在租赁，以及租赁期限、租金支付、承租人是否转租等变动情况，无法通过权威机构查询，企业有可能在抵押物之上设置虚假租赁逃废银行债务。

（二）债务人逃废债倾向加剧

随着资讯传播的普遍与广泛，目前大量的债务人有计划有预谋地实施逃废债务，而且手段越来越隐蔽。现在，不少债务人都抱着一种错误想法，认为银行债务是可以欠的，是可以打折的，信用环境有所恶化。因为银行没有足够的手段影响债务人的正常生活，企业一旦经营困难，借款人不是积极与银行协商，寻求走出困境的方式，而是选择不予配合，然后通过政府解困，或者换个平台重新开始，导致逃废银行债务的成本较低。

（三）政府救助乏力，导致银行处置被动

由于出发点不同，政府层面往往更注重社会稳定，一旦有一定规模的企业出现还贷困难，政府往往要求银行"不收贷、不压贷"，银行若起诉，则可能会出现"不立案、不查封、不执行"，对企业却没有其他约束机制，这无形中纵容了企业，也可能使银行失去了主动处置的机会。银行在风险处置时，特别是对于列入救助名单的企业，处置手段极为有限。

（四）对保证人实施追索的手段匮乏

目前，处置不良资产主要依靠对抵押物的变现，而对保证人责任的追究则缺乏足够的手段。如何查找保证人的财产、如何了解保证人的动向、如何在放款时即掌握保证人的资产详细状况，还需要银行付出更大的努力。

（五）打击逃废债行为的外部环境仍需进一步改善

目前，社会大环境方面对于企业、个人信用信息仍不够重视，对于债务人逃废债缺少有力的惩戒措施。法院虽然建立了失信被执行人名单制度，但是由于种种原因，进入该名单后的相关惩戒措施仍显匮乏，威慑力较弱，且存在规避手段。银行业自身没有一个统一发声、追索的平台，使得逃废债企业和个人有恃无恐。

四、启示和建议

（一）银行应提高贷后管理水平，密切关注企业经营变化

银行业金融机构在寻找授信客户及贷后管理过程中，要认真关注市场行情变化给企业主营业务带来的影响，关注企业及其关联公司的资产负债与销售的匹配度，关注其对外投资和现金流状况，同时应高度关注企业持续经营过程中互保企业因经营不善给其带来的不利影响。在寻找合作伙伴时不要盲目相信上市公司、大企业的担保，要认真分析客户借款的真实动机和资金去向，防止授信对象成为上市公司、大企业的融资平台，使银行陷入资金去向知晓难、还款来源把握难的窘境。同时要准确、及时地了解借款人、保证人的资产状况和负债情况，及早发现异常状况，一旦发现借款人、保证人出现借款违约或者转移财产等情形，要及时采取财产保全措施。

（二）建立统一的惩戒逃废债平台，完善征信体系，提高信息共享程度

银行业层面仍缺乏一个全国性的惩戒逃废债平台，缺乏统一、有力的发声渠道。监管部门或行业协会应加快建立联合惩戒逃废债的网络平台，按照"四个一批"原则，有效防范系统性金融风险的发生。平台信息应逐步向社会公开，各银行在积极有序的前提下自主发声，联合惩戒。完善现有的征信平台，通过"聚沙成塔"的方式，在各银行完成业务的过程中将更多的财产信息录入系统，实现信息共享。积极联络不动产、工商、税务等部门，争取信息互联和远程读取，提高信息收集的维度，有效解决打击逃废债面临的财产线索查找难等问题。

（三）完善法律法规体系，加大逃废债惩处力度

目前，逃废债行为存在认定难、打击难、追回难等问题，立法部门应当根据当前的社会实际，对现有法律法规进行仔细梳理，填补漏洞，加大惩处逃废债行为的力度，有效缩短诉讼执行进程，不给逃废债企业和个人可乘之机。

（作者：中国长城资产管理公司济南办事处　吴春晓）

【编审点评】

本案例中，保证人上市公司抽调挪用子公司资金用于自身投资经营，导致企业未能偿还银行贷款，银行业金融机构面对此类逃废债行为应加大追索力度，通过诉讼保全有效财产、行使撤销权追偿被挪用资金、行使代位权追偿公司债务等方式维护银行权益，同时考虑到上市公司的特殊身份，银行还可以采取媒体曝光、向证券监管部门反映情况等方式，有效防止企业恶意逃废债务。

（点评人：中国农业银行总行　包正）

案例5 某科技公司利用"先刑后民"拖延司法诉讼进程案

【案情摘要】借款人、担保人逃废银行债务的行为多种多样，在云南省某银行不良贷款清收处置过程中，出现了抵押人利用"先刑后民"的法律漏洞，拖延民事纠纷案件审理，逃避担保责任，从而达到逃废银行债务的目的。银行虽采取了多种方式予以应对，但因其有"合法外衣"的保护，案件未能取得实质性进展。本文将对案件过程进行回顾，总结经验与教训，避免类似情况的再次发生。

一、基本案情

2013年7月15日，某科技有限公司与云南省某银行签订了流动资金最高余额循环贷款合同，合同金额2500万元，期限3年。合同签订后，云南省某银行于2013年8月1日向借款人发放贷款2500万元，期限1年，支付用途为监控设备款。该笔贷款以龙某、刘某华、楚雄某房地产开发有限责任公司名下房产作抵押担保。借款人在申请贷款后，对其法定代表人及股东发生的重大变化故意隐瞒。在企业还款出现困难后，云南省某银行于2013年12月向昆明市中级人民法院提起诉讼，昆明市中级人民法院于2014年4月开庭审理，并于2014年6月30日出具判决书，一审判决银行方胜诉，支持云南省某银行的全部诉讼请求。

一审判决后，抵押人龙某、刘某华、楚雄某房地产开发有限责任公司不服原判决结果，于 2014 年 8 月 6 日向云南省高级人民法院提起上诉。上诉人认为本案有重大经济犯罪嫌疑，属于刑事案件，一审法院错误地将本案定性为民事案件，导致程序错误；应诉通知书、开庭传票的签收人不是某科技有限公司现时的法定代表人，而且法院未组织部分证据的质证，一审判决程序违法；一审判决未批准上诉人调取证据的申请，导致认定事实错误。上诉人要求判令撤销一审判决，驳回被上诉人的起诉或将本案发回重审。

2015 年 1 月 30 日，云南省高级人民法院开庭审理上诉案件，并就是否涉及刑事犯罪进行庭前调查。2015 年 4 月 10 日，省高级人民法院认为昆明市公安局直属分局已于 2014 年 3 月 27 日决定对上诉人被集资诈骗一案立案侦查，因本案案情涉嫌刑事犯罪，裁定本案中止诉讼。

二、维权措施

在本案中，银行方面认为，抵押人主张的诈骗案与借款合同纠纷案并无关联性，但抵押人仍以案件涉及刑事犯罪为由阻止二审审理，无限期推迟履行担保责任，构成了恶意逃废银行债务的事实。二审诉讼中止后，云南省某银行在法律顾问的协助下，开启了申诉维权之路：2015 年 5 月 25 日，向最高人民法院提出申诉并寄送申诉书；2015 年 8 月 27 日，再次向最高人民法院寄送维权申请书、申诉书，材料于 8 月 31 日被签收；2016 年 3 月，向云南省高级人民法院提交了诈骗案与借款合同纠纷案无关联性的材料，申请该案继续审理。截至 2018 年年底，该案件未能取得任何实质进展。

三、案件分析

（一）难点

《刑事诉讼法》第八十六条规定："人民法院、人民检察院或者公安机关对于报案、控告、举报和自首的材料，应当按照管辖范围，迅速进行审查，认为有犯罪事实需要追究刑事责任的时候，应当立案；认为没有犯罪事实，或者犯罪事实显著轻微，不需要追究刑事责任的时候，不予立案。"《最高人民法院关于在审理经济纠纷案件中涉及经济犯罪嫌疑若干问题的规定》第十二条要求："人民法院已立案审理的经济纠纷案件，公安机关或检察机关认为有经济犯罪嫌疑，并说明理由附有关材料函告受理该案的人民法院的，有关人民法院应当认真审查。经过审查，认为确有经济犯罪嫌疑的，应当将案件移送公安机关或检察机关，并书面通知当事人，退还案件受理费；如认为确属经济纠纷案件的，应当依法继续审理，并将结果函告有关公安机关或检察机关。"

公安机关对案件的立案条件和立案标准较低，仅需事实条件和法律条件，即只要存在犯罪事实和犯罪嫌疑人，并不需要确凿的证据，需追究相关刑事责任的案件就可以立案侦查。同时，法院对公安机关或检察机关认为有犯罪嫌疑的案件材料可能存在审查不严的情况，导致债务关联人可能通过提出涉及刑事案件的方式延长诉讼进程，加大银行维权难度。

（二）风险点

1.金融机构与企业之间存在信息不对称，企业的道德风险难以及时甄别和防范。金融机构与企业之间存在信息不对称，银行对借款人的实际控制人、关联企业、抵押人与借款人的关系等情况掌握不到位，致使对贷款风险产生误判，使银行在风险处置中处于被动地位。贷后检查未认真核实借款人法定代表人、股东、生产经营等变化情况（2013 年 12 月 6 日借款人变更法定代表人和股东），直接影响了诉讼资料的送达、签收等程序。信息掌握不灵敏，未能深入了解法人客户的实际经营情况，及时洞察贷款客户的经营风险与财务风险变化，提前发现借款人潜在的违约风险，这都给企业逃废债务以可乘之机。

2. 缺乏专业的法律风险和法律事务处置团队。银行内部缺乏专业的法律风险和法律事务处置团队，对法律服务单位的依赖度过高。本案中，银行对一审审理过程中被告方提出的异议情况未给予重视并采取措施（如涉及刑事案件、到公安机关立案、杨某源是实际控制人），一审胜诉后未对二审足够重视。

3. 债务人利用法律制度和实施层面的漏洞实施逃废金融债务。在通过司法途径清收处置不良贷款的工作中，往往出现债务人利用诉讼权利来规避司法对债权保护的逃废债案例，例如当事人串通进行假诉讼、假执行，借助司法文书的确定力转移财产权利；利用"先刑后民"的条款，故意制造存在刑事犯罪嫌疑的假象，实现拖延民事纠纷案件审理的目的，从而逃避民事责任。此类逃废债务的行为，是银行在清收处置中最容易遇到，也是较难应对的方式之一。

四、启示和建议

（一）加大对逃废银行债务行为的打击力度

在打击逃废债的过程中，金融机构应主动协调相关各方，形成打击合力，特别是与法院、公安机关等建立良好的沟通协调合作机制，请求其加大对逃废债案件的执行力度，针对故意失联、恶意转移资产、有钱不还的债务人，充分发挥法律的强制性与震慑性。

（二）建立良好、全面的同业沟通渠道

在金融系统内部构建信息交流沟通渠道，通过监管部门或行业协会，对"逃废银行债务机构"名单实施内部通报或联合制裁，依法有效维护和保全银行债权，共同建立良好的金融秩序与信用环境。

（三）加强银行业金融机构风险管理水平

金融机构应对可能存在的风险隐患进行重点关注，有效管控信贷风险，一方面要加强摸排，通过实地走访、公开信息查询等方式，多渠道、多方式了解企业经营水平、资产状况、担保情况、还款能力和意愿，制定"一户一策"的分类风险化解方案。另一方面要加强管控，利用多种途径，密切关注债务人的重大资产异动，避免债务人转移财产。

（作者：中国长城资产管理公司济南办事处　柳力心）

【编审点评】

在不良贷款清收处置过程中，债务关联人通过各种手段拖延司法诉讼进程的情况屡见不鲜，部分债务关联人法律意识较强，利用法律制度和实施层面的漏洞实施逃废债，对银行业金融机构有效维护自身权益形成较大阻碍。本案例中，抵押人利用"先刑后民"的法律漏洞，拖延民事纠纷案件审理，企图达到逃避担保责任的目的，其根本原因仍在于基层支行法律风险意识不足，应对措施不够充分。银行应对类似行为，一是要全面核实了解法人客户的经营信息，扎

实做好诉讼材料申报工作，确保基础材料准确真实；二是要成立专业法律团队，做好诉讼预案，有效评估法律风险；三是密切关注债务人动向，及时调整诉讼策略，做好法院及相关部门的协调工作，有效应对企业逃废债行为。

（点评人：中国农业银行总行　包正）

案例 6　债务人恶意拖延诉讼进度阻碍执行的应对案例

【案情摘要】债务人廖某某因拖欠某信用社（以下简称"信用社"或"该社"）贷款被起诉后，接连通过回避拒收传票、庭审中提出管辖权异议、申请笔迹鉴定、对庭审笔录提出异议等手段恶意拖延诉讼进程，并在一审判决败诉后坚持向中级人民法院上诉，阻碍信用社申请执行。信用社积极应对债务人的各项拖延手段，一方面积极配合法院工作，推动诉讼进程，另一方面时刻关注债务人财务动态，不断深挖财产线索，并最大限度防范债务人利用拖延司法程序所获得的时间恶意转移财产。

一、基本案情

（一）贷款情况

债务人廖某某于 2014 年 8 月向信用社借款 700 万元，该笔贷款经过重组盘活与借新还旧，演变为 2016 年 2 月 15 日至 2017 年 2 月 14 日的 700 万元贷款。

在担保条件方面，廖某某与信用社于 2014 年 7 月 28 日签订《最高额抵押担保合同》，约定以其名下位于佛山市的房地产为 2014 年 7 月 25 日至 2017 年 7 月 24 日期间廖某某与信用社签订的主合同项下的全部债务借款提供抵押担保，廖某某名下的佛山市三水区西南街某五金模具厂、佛山市某五金塑料制品有限公司以及其配偶黄某某名下的广州市某五金制品有限公司，在 2016 年 2 月 15 日与信用社签订的《保证担保合同》中约定，对廖某某的上述借款本息承担连带清偿责任。此外，黄某某还签订了共同债务确认书，自愿对贷款承担连带清偿责任。

（二）风险情况与逃废债行为

自 2016 年 3 月 21 日起，廖某某贷款出现本息逾期，信用社多次实地走访，密切关注该债务人及关联企业的经营情况，多次敦促债务人及时归还贷款本息，告知其贷款逾期的不良后果。经过沟通，信用社发现债务人既不能提供其他有效的保证措施，又明确表示不能偿还该笔贷款，也不及时处理抵押物，已开始产生逃废债务的意图。考虑到当时地方经济下行压力较大，房地产价格萎靡不振，即便执行抵押房产也未必能完全覆盖廖某某所拖欠的贷款本息，该笔贷款已存在巨大的风险隐患。

二、维权措施

（一）开展诉讼与追查资产

鉴于债务人廖某某违约风险巨大，信用社立即向当地法院提起诉讼，以维护自身合法债权，并在诉讼同时，对廖某某名下的抵押物及部分银行账户申请了财产保全，同时起诉保证人黄某某、佛山市三水区西南街某五金模具厂、佛山市某五金塑料制品有限公司以及广州市某五金制品有限公司等。

此外，信用社积极通过各种渠道追查资产，但并未发现相应的财产线索。

（二）合理应对债务人拖延诉讼

在法院送达传票时，廖某某及其保证人有意回避法院送达人员，导致法院工作人员未能找到相关债务人，或被债务人拒绝签收传票。信用社在与法院沟通了解到该情况后，立即通过多方途径与债务人沟通，敦促其积极配合法院传票的送达工作。

法院确定庭审日期后，廖某某向法院提起管辖权异议，以借贷双方有口头协议为由，主张该案应由广州仲裁委员会仲裁，当地法院无管辖权。信用社立即派人员向法院提交答辩，提出根据《民事诉讼法》《仲裁法》相关条款，仲裁协议应为"书面仲裁协议"，且"在人民法院首次开庭前，被告以有书面仲裁协议为由对受理民事案件提出异议的，人民法院应当进行审查"，以此反驳廖某某的无理诉求。最终法院决定不予审查，驳回债务人廖某某的异议，按原定时间、地点开庭审理。

与此同时，信用社内部由经营部门客户经理、资产保全部门法律岗人员分别继续收集客户财产资料，最大限度防范债务人利用法院审查异议的时间转移财产。

庭审时，由廖某某委托的代理律师（已获廖某某特别授权）与信用社代理人已就贷款相关问题完成质证与辩论。庭审后，廖某某却再次提出异议，认为该案贷款利率过高，并非其所承认的利率，信用社单方面修改合同，信用社留存的合同文本与其本人所持有的合同文本不一致，申请对其怀疑篡改的地方进行笔迹鉴定。信用社获悉相关情况后，立即对廖某某的异议进行反驳，理由如下：一是廖某某的代理律师在庭审质证时对《借款合同》无异议，后虽与廖某某解除了委托代理关系，但其在庭审时的质证意见没有超出当时的授权范围，仍然有效，被告廖某某应承担委托结果，其申请鉴定的事项对于待证事实毫无意义。二是根据《最高人民法院关于适用〈中华人民共和国民事诉讼法〉的解释》相关规定："当事人申请鉴定，可以在举证期限届满前提出。申请鉴定的事项与待证事实无关联，或者对于待证事实无意义的，人民法院不予准许。"被告廖某某提出申请的时间，是在答辩期满、庭审结束后一个多月，已过法定期限。在信用社积极努力下，法院依据相关法律法规及事实，依法向被告下达了《不予准许申请鉴定通知书》。

随后，一审法院作出判决：一是被告廖某某向信用社偿还本金 699 万元及相应利息，并自合同解除之日起至实际清偿日止，按逾期年利率 9.46125% 支付利息，不支持信用社要求偿还复利的诉求；二是信用社对被告廖某某提供抵押的房产及相应的土地使用权的折价、拍卖或变卖所得价款享有优先受偿权；三是被告黄某某、佛山市三水区西南街某五金模具厂、佛山市某五金塑料制品有限公司以及广州市某五金制品有限公司等担保人对债务承担连带清偿责任。

在一审判决书送达后，被告廖某某再次以贷款利率问题、贷款合同涉嫌单方面修改等理由向当地中级人民法院提起上诉，信用社继续积极应诉。

三、案件分析

诉讼维权虽然能依托国家强制力确认债权的合法性、有效性，起到一锤定音的作用，但诉讼所耗费的资源多、时间长，银行债权人即使胜诉也还需要面对执行难题。目前在银行债权诉讼过程中，主要存在如下难点。

（一）缺乏追查财产的有效渠道

信用社法律人员收集债务人财产线索的途径包括贷款档案中留存的借款人财产申报表、客户经理在与债务人接触中发现的新的财产，以及立案后凭法院受理通知书向不动产登记中心查询债务人房产情况。以上途径均存在一定局限性，财产申报表并不能体现债务人所有财产状况，并且有可能出现错误申报情况；客户经理提供的财产线索信息往往不完整，如上述案例中，客户经理提供了廖某某名下位于某地的房产，但由于缺少确切的房产证号，法院审查后不予查封；立案后凭法院受理通知书向不动产登记中心查询债务人不动产范围仅限于当地，且法院实施财产保全工作有时间限制，导致信用社工作人员难以去不同地方的不动产登记中心进行财产查询。

（二）送达困难

银行诉讼的部分案件存在债务人失联或拒绝签收传票等情况，对于这种情况，若原告不能及时提供新的送达地址，则法院很可能会进行公告送达，60天的公告期会造成诉讼案件进展缓慢，不利于尽快通过判决确定债权并申请执行。正如上述廖某某逃废债案例，债务人通过刻意逃避法院工作人员，或通过他人拒绝签收法院传票等手段，阻碍法院的正常送达程序。

（三）债务人滥用诉讼权利恶意拖延

一般而言，在庭审前债务人最常用的手法就是提出管辖权异议，偶尔亦会提出出庭人员的回避问题；在庭审中，债务人会通过对某些证据提出异议，从而申请通过其他司法途径进行取证质证，比如上述廖某某案例中提到的笔迹鉴定。

（四）执行进程曲折

案件进入执行阶段后，除非能与债务人达成执行和解，否则通过司法拍卖处置债务人动产、不动产的时间较长，除评估时间外，若财产拍卖价格不被市场接受，还要经历二次拍卖、三次拍卖、变卖，甚至要承担流拍的风险。在处置部分债务人的财产过程中，还会出现提出执行异议或阻碍司法人员强制执行的状况。最常见的问题包括债务人提出处置的房产属于唯一住房需暂缓执行的异议，虽然相关法律对该种状况做出明确解释，能在留足债务人一定费用后进行处置，但法院有时会以防范出现社会问题为由，建议暂缓处置房产，债权人对该类房产的清场难度较大，从而拖延执行进度。

四、启示和建议

（一）重视贷款调查过程中借款人财产的收集工作

银行客户经理需重视第二还款来源的把握，重视客户的财产申报。财产申报信息的完整性界定以诉讼保全所需要的最基本的信息为标准，主要应包括以下方面：房地产信息需要包括权属人、不动产权证号、具体地址；车辆信息需要包括车牌号、权属人、登记机关；银行账户信息需要包括户名、开户行、账号。收集整理以上信息有助于在日后的诉讼中最大限度地固定债务人的财产，维护自身债权。

（二）完善送达程序与送达方式

根据《最高人民法院关于进一步推进案件繁简分流优化司法资源配置的若干意见》第三条规定："当事人在纠纷发生之前约定送达地址的，人民法院可以将该地址作为送达诉讼文书的确认地址。当事人起诉或者答辩时应当依照规定填写送达地址确认书。积极运用电子方式送达，当事人同意电子送达的，应当提供并确认传真号、电子信箱、微信号等电子送达地址。"在实际操作中，银行与借款人签订贷款合同时，可附加签订一份送达地址确认书，约定发生合同纠纷时，确认合同中的地址可作为送达地址，最大限度避免因借款人恶意逃废债务而导致公告送达延缓、拖延诉讼进程。由于不同地方法院对条款理解不同，对于地址确认书中约定的送达地址是否有效力，则需提前与当地法院进一步沟通确认。

（三）加强社会信用体系建设

个人、企业逃废银行债务，表面上是损害了银行利益，实际上则是危害社会的信用基础，影响社会经济和金融秩序的稳定。各金融机构应联合起来，在社会上大力倡导"诚信光荣，失信可耻"的理念，营造诚信经营的良好氛围，使银行的维权工作得到社会各界的普遍理解和支持。当地的银行业协会或者各金融机构可定期联合公布当地诚实守信企业的"红名单"和逃废银行债务企业的"黑名单"，亦可以定期在新闻媒体上公布欠款、欠息大户及其法人名单。同时，各金融机构可对逃废银行债务的行为进行联合制裁，包括但不限于附条件办理资金支付业务、停止办理新增贷款和开立银行承兑汇票及信用证业务，对恶意逃废银行债务企业的法人及管理人员实行信贷限制等措施。

【编审点评】

本案例虽然事实简单，涉及的法律问题也属于常见的法律问题，但是债权银行维权有方，合法、合理、高效地解决了债务人恶意拖延诉讼的种种问题，切实维护了自身权益，对于常见的恶意拖延诉讼手段给出了经典解法，值得商业银行借鉴。

本案例维权成功的关键点主要有以下几个方面：一是果断诉讼

并全面起诉债务人、担保人，维权行动积极；二是不放弃追查财产线索，并防止债务人转移财产，做到尽责履职；三是熟练运用法律规定，成功破解债务人恶意拖延行为，包括拒不接收传票、管辖权异议、拒不承认贷款条件、要求笔迹鉴定等，彻底粉碎了债务人恶意拖延还款的企图。

本案例除了具有可供商业银行维权借鉴的宝贵经验之外，还揭示了商业银行在维权过程中遇到的现实问题，如缺乏追查财产的有效渠道、送达困难、债务人滥用诉讼权利、执行进程曲折等，以上问题产生的主要原因是我国相关法律、法规、政策有待完善，但在我国加强社会信用体系建设的大背景下，建议商业银行在维权过程中积极与政府、法院、银保监会、银行业协会等机构沟通，在不违反法律、法规、政策的前提下，寻求妥善解决以上问题的创新办法。

（点评人：中国银行总行授信管理部风险经理　沈凯鹏）

案例 7 汪某华利用司法拍卖程序降低财产 处置价值逃废银行债务案

【案情摘要】在执行程序中，个别债务人会利用评估机构出具"瑕疵"评估报告及法院抵押物处置程序的"瑕疵"，降低抵押物处置价值逃废银行债务。某银行通过召开评估价格听证会、提出评估异议等多种法律手段成功撤销法院拍卖程序，重新启动抵押物的拍卖程序，最终为实现抵押物处置、债权回收奠定了良好基础。

一、基本案情

2012 年 7 月 25 日，某银行向合肥市新站区白马商城的商户汪某华发放徽贷通贷款 600 万元，以汪某华夫妇及其亲戚的房产作为抵押，且在支行办理了相应抵押登记手续。2013 年 2 月支行经办人做贷后检查时，发现该借款人夫妇已将手机关闭，经向其他客户了解，才知道汪某华夫妇陷入债务纠纷。后经多方联系，汪某华于 2013 年 3 月 20 日上午电话联系支行，表示"目前有一定经济困难，等待事情有转机，将会按期偿还借款"，之后又处于失联状态。2013 年 4 月 24 日，支行向合肥市庐阳区人民法院提起诉讼，同时申请进行财产保全。2013 年 12 月 13 日进入申请执行阶段，但某银行发现汪某华夫妇房产已被他人先行在合肥市瑶海区法院进行财产保全，并被瑶海区法院自行拍卖且成交，成交价为 194 万元。该法院在落实评估价格及拍卖之前都未通知庐阳区法院和某银行。

某银行知悉后，对于该拍卖价不予认可，并于2014年1月22日请安徽中信房地产土地资产价格评估有限公司重新进行评估，该评估公司估价为341.55万元，某银行向瑶海区法院提出异议，认为原评估程序不合法，评估结果与事实严重不符，存在债务人借助评估程序恶意降低抵押物价值的嫌疑。另一方面瑶海区法院在收到评估机构评估报告后，未依法将评估报告发送利害关系人，导致抵押物被低价处置，严重侵害了某银行的优先债权。

二、维权措施

（一）以评估程序"瑕疵"为由要求法院撤销原评估报告

该笔贷款的担保方式为房产抵押，两处抵押物由瑶海区法院先行查封，通过摇号方式确定江苏某文房地产土地造价咨询评估有限公司合肥分公司对房屋抵押物进行评估，该公司于2013年7月25日出具编号为苏博房合估字（2013）第2266F号评估报告。

某银行经过大量调查，向法院提出以下异议：（1）评估报告中署名的鉴定人员并未到房产现场，且没有在报告中签字，评估程序违法。（2）评估报告中评估价格仅为15146元/平方米，总价为194.4万元，而实际上抵押物整体质量较好，市政配套设施日渐成熟，环境优势明显，从当时二手房交易情况来看，价格基本保持平稳上升，成交价一般为28000元/平方米至30000元/平方米。其评估价格已严重偏离了市场的实际价值，没有坚持独立、客观的工作原则，所做出的价值结论与客观合理价格不符。同时，某银行委托安徽中信评估公司对上述房产进行重新评估，安徽中信公司出具编号为皖中信房估字 201400420 号评估报告，评估价格为 26611 元／平方米，总价为 341.55 万元，与原评估报告评估价值存在巨大差距。因此，某银行认为拍卖成交价严重偏离市场价值，向瑶海区法院提出异议，要求法院依法撤销江苏某文的评估报告。

（二）以拍卖程序"瑕疵"为由要求法院撤销拍卖程序

该笔贷款的担保方式为房产抵押，两处抵押物由瑶海区法院先行查封，瑶海区法院在收到江苏某文的评估报告后，没有将评估报告及时送达某银行，而是直接委托拍卖机构进行拍卖，拍卖底价为 194 万元，最终成交价为 194 万元，无溢价行为。根据《最高人民法院关于人民法院民事执行中拍卖、变卖财产的规定》第六条："人民法院收到评估机构的评估报告后，应当在五日内将评估报告发送当事人及其利害关系人。当事人或者其利害关系人对评估报告有异议的，可在收到评估报告后十日内以书面形式向人民法院提出。"直至拍卖流程结束，整个处置过程中瑶海区法院并未按相关规定履行通知义务，剥夺了某银行作为债权人的异议权利，因此某银行向法院提出异议，要求撤销违法拍卖程序。

法院非正常流程处置抵押物，导致某银行的贷后清收遇到巨大挑战，在复杂局面中协调法院撤回拍卖结果等诸多事项皆需抢时间开展。在此期间，某银行多次前往瑶海区法院，通过召开评估价格听证会、约见执行法官、与法院院长沟通等多种方式，要求瑶海区法院撤销拍卖。前后历经两年时间，通过不懈努力，2016 年瑶海区法院最终撤销拍卖程序，银行权益得以充分保护。

三、案件分析

（一）难点

根据《最高人民法院关于首先查封法院与优先债权执行法院处分查封财产有关问题的批复》（法释〔2016〕6号）规定，执行过程中，应当由首先查封、扣押、冻结法院负责处分查封财产。在法理上，首先查封法院在财产处置上具有一定主动权，若查封财产上存在优先债权，往往会由于首先查封法院与优先债权执行法院间的冲突，影响优先债权人债权的实现。如查封财产的价值小于或相当于优先债权的数额，处分并清偿优先债权后，对于首先查封的普通债权意义不大，首先查封法院缺乏处分动力。

案件中，由于瑶海区法院作为首先查封法院对房产处置具有主动权，抵押财产的拍卖程序已经结束，某银行方才获知，而此时案件的复杂性、财产处置时间的紧迫性都给某银行的债权带来了巨大的不确定性。但某银行没有放弃争取权利，通过调查发现了评估中的程序问题，通过多次与法院进行沟通，最终根据《最高人民法院关于人民法院民事执行中拍卖、变卖财产的规定》第六条的有关要求获得了法院的支持，撤销了拍卖程序。

（二）风险点

1. 积极查找债务人下落以及财产线索，是解决逃废债问题的基础。当债务人出现经营不善、资不抵债等情况时，债务人往往也会出现失联的情况，导致银行无法及时获知债务人的资产等关键信息，给债务人隐匿转移财产提供了可乘之机。在后续的诉讼程序中，也存在无法送达诉讼文书，导致诉讼周期延长等实际问题，加剧了债权回收困难。

2.债务人利用诉讼程序降低财产处置价值，实施逃废债行为。在财产处置过程中，由于存在首先查封法院与优先债权执行法院之间的程序冲突，债务人利用法院与利害关系人信息不对称，在评估程序以及拍卖程序中，人为在财产处置中设置障碍，恶意降低财产价值，给银行债权清收制造困难。

四、启示和建议

（一）切实加强对抵押物的监控管理，完善抵押物应急处置机制

1.银行作为抵押权人对抵押物要及时采取查封等保全措施，保证优先受偿权和优先处置权。由于先申请查封资产的债权人会取得处置资产的主导权，所以能够先行对抵押物进行查封，有利于顺利实现抵押权人的优先受偿权。银行作为抵押权人，在通过法律手段追偿债权时，应第一时间对债务人的资产（含抵押资产）进行查封，采取诉前保全措施，以确保之后执行工作的顺利开展。

2.抵押权人要加强对抵押物的监控，发现被其他债权人先行查封后要及时主张权利。银行作为抵押权人，要对抵押物进行监控和定期检查，当发现抵押物被其他债权人先行查封时，要及时主张抵押权。具体而言，可采取如下措施：

（1）核实其他债权人申请法院进行查封的行为是否符合法律规定，如存在违法事项，及时向法院提出异议。

（2）及时向查封法院主张抵押权，并申请参与分配程序。《最高人民法院关于人民法院执行工作若干问题的规定（试行）》第九十三条规定："对人民法院查封、扣押或冻结的财产有优先权、担

保物权的债权人，可以申请参加参与分配程序，主张优先受偿权。"银行应向法院提供抵押合同、他项权证，主张对抵押物已设抵押权，以便法院知悉该抵押物已被抵押的事实，确保该抵押物不为其他债权人强制执行，处置抵押物的价款优先清偿担保债权。

（3）加强与查封法院和申请查封债权人的沟通和协调。及时关注法院的审理、判决和执行过程，敦促法院尽快处置抵押物优先偿还所担保的债权。对查封法院怠于处置抵押物，或申请查封的债权人与抵押人恶意串通对抗抵押权人实现抵押权的，要依法向法院主张权利或提出异议，维护自身的合法权益。

（二）联手打击逃废债，共同保障金融债权

逃废债行为之所以屡禁不止，除了部分地区存在地方保护主义和法院执法弱化之外，另一个重要原因是各银行债权人之间的行动不能做到协调一致。各银行分支机构作为独立经营单位，往往会因为本行的眼前利益和局部利益而"收容"和"保护"来自他行的逃废债企业。从全局上讲，这种行为会最终损害金融业的整体利益。因此，各银行要统一认识，共同联手打击逃废债行为，为银行债权回收创造良好的金融环境。

（三）完善金融信用管理制度，让逃废债无处遁形

1.加快建立和完善信用监测制度，切实解决信息不对称的问题，如建立"逃废债企业"和"恶意欠息企业"通报制度。对那些逃废、悬空银行债务的企业和恶意欠息不付的企业，一经认定，定期向金融机构和地方政府通报；情节特别严重的，通过新闻媒体曝光。对内部通报企业在规定期限内不予纠正的，要组织区域内金融机构对其实行联合制裁，不为其开立账户，停止授信，不办理对外支付。对逃废债企业原法定代表人转任、兼任企业也要采取相应制裁措施。

2. 完善信用评级制度，优化资源合理配置。一是建立对企业的信用评级制度，为金融机构合理配置信贷资源，防范化解信贷风险提供指南。二是建立对金融机构的信用评级制度，促进储蓄资源的合理配置和银行信用形象的改善。为此，必须要加快信用评估中介体系建设，规范中介机构行为。

3. 建立全国统一的银行账户管理制度。统一开发银行账户管理系统，存储所有单位和个人的银行账户信息，并与同城票据交换系统连接，实时监控各类存款账户，及时发现和纠正存款人违规开户行为，防止企业多头开户，遏制利用银行账户进行逃贷、逃债行为和逃税、洗钱等违法犯罪活动。建立以全国银行账户管理系统为基础的支付信用监测系统，记录和反映企事业单位和个人的逃贷信息，分析评估存款人的信用状况。

4. 完善金融机构内控制度和管理制度，从源头堵塞资产保全工作的漏洞，尽量避免和减少金融资产的损失。要尽快建立健全信贷风险预警监测、项目评估、审贷分离、贷后追踪等制度，健全内部控制制度，真正实行资产负债比例管理，借鉴国外先进的风险管理技术和策略，提高银行防范信贷风险的水平。

5. 加强银行信贷登记咨询系统的建设和利用。推进银行信贷登记咨询系统建设，实现所有金融机构在授权范围内可随时查询到与其有信贷关系的企业的资信状况，为制裁逃废债企业和个人提供有力保障。同时运用该系统，建立企业逃废债档案，为打击逃废债提供第一手资料；建立"网上协查"制度，消除企业的逃废债苗头；建立企业改制监测报告制度和逃废债企业"黑名单"制度，定期在电子公告栏上予以公布。

（四）加强法制建设，增加逃废债"成本"

1.切实转变政府职能。地方信用秩序的好坏，事关地方投资环境和经济金融的稳定发展，地方政府应站在战略的高度，加快职能转变，自觉规范自身行为，切实负起责任，把信用秩序好坏与地方政府的政绩评价相结合，维护社会信用秩序。

2.完善信用法制建设。一是完善我国民法及相关法律中有关债权保护的法律规定，以确保信用关系中债权人的权益不受侵犯，并强制债务人履行其偿债义务。二是建立完善我国企业和个人破产制度，破产制度是信用制度的必要补充，需要限定破产人在豁免债务的同时，必须付出一定代价。三是切实贯彻回避原则，避免地方保护，消除人情关系干扰，确保司法公正。四是大力加强执法力度，维护法律的权威，使债权人的合法权益受到法律保护，使违法侵犯他人权益者依法受到制裁。

3.对逃废债制定严格的可操作性制裁措施，增加对失信行为的成本约束。为创造一个良好的社会环境，对逃废债行为必须制定严格的可操作性制裁措施。一方面，针对企业逃废债行为的恶劣程度，可分别明确相应措施，如黄牌警告、上黑名单、停止结算、账户扣收划转资金等，从而使逃废债企业的资金在银行体系中无法运转，无处可逃。另一方面，为强化银行间的统一行动，协会内部对会员单位制定统一的处罚和制裁办法，对于不按协会有关规定、决议执行的，甚至为维护本行分支机构的局部利益，而收容或保护逃废债企业的当事银行进行严厉制裁，以确保规章制度的严肃性、权威性以及有效性，达到进一步防范金融风险、改善信用环境的目的。

（五）建立健全畅通的信息渠道，以保证相关政策措施的有效实施

为高效、快捷、及时地实施相关制裁措施，必须建立畅通的信息传递渠道。借鉴发达国家的一些做法，在目前情况下，可有效利用各级人民银行清算系统的每日票据交换环节进行制裁措施的信息传递。各行将需通过行业协会进行制裁或处罚的企业名单及相关情况资料交行业协会日常办事机构审查，协会按照相关规定确认被制裁企业后，由协会的日常办事机构下发制裁通知，将制裁通知通过票据交换中心下发到各家银行，并由各银行负责实施。

另外，全国各地区人民银行已建立的信贷登记系统，虽然尚未完成全国性联网，但作为区域性的中央银行监控系统，也能够有效监控区域内贷款企业在各行分头开户贷款的余额情况，掌握企业在各行的借款动态和还款动态，因此对该系统可充分加以利用。

（作者：徽商银行合肥分行　周琼琼）

【编审点评】

司法拍卖是处置被执行人财产的一种特殊方式，是法院在民事强制执行过程中由国家公权力参与的拍卖程序。司法拍卖有利于将被执行人的财产快速变现，因此其直接关系到申请执行人利益的保障以及生效法律文书所载权利义务的落实。然而，在司法实务当中，往往存在部分债务人恶意利用司法拍卖程序逃废银行债务的情形，尤其是首先查封法院与优先债权执行法院之间对处分查封财产存在冲突之时，恶意债务人往往利用首封法院在财产处置上的主动权以及地方保护主义等对优先债权人的债权实施侵害，导致优先债权人难以优先实现债权。本文所述即是典型的一例。

在执行程序中，债务人存在联合评估机构降低抵押物评估价值、评估报告未依法通知利害关系人等涉嫌逃废银行债务的行为，而作为优先债权人的某银行直至司法拍卖程序结束，方获知首封法院进行财产拍卖的相关情况。面对财产处置时间紧迫的不利局面，某银行积极查找司法拍卖程序中的瑕疵，最终依据《最高人民法院关于人民法院民事执行中拍卖、变卖财产的规定》中评估报告异议程序的有关规定获得了法院支持，撤销了拍卖程序。

　　该案例给金融债权提供了新的维权思路，具有典型的借鉴意义。与此同时，亦应以此为鉴，加强债权清收的主动作为，变事后被动维权为事前主动风控，与同业共同联手打击债务人逃废债行为，切实维护金融债权。

（点评人：中国建设银行　牛玉姣）

案例8 某房地产开发公司擅自处置银行抵押房产逃废债务案

【案情摘要】当前，国内部分地区的房地产市场低迷、房地产价格疲软，导致部分房地产开发商现金流趋紧，房地产开发贷款的信用风险日渐凸显，一旦风险管控不到位，银行将可能被拖入坏账深渊。其中，个别房地产开发公司通过擅自处置银行抵押房产，或者一房两卖、一房两抵等方式，逃废银行债务的案例具有典型性。

一、基本案情

（一）债务人及关联人贷款情况

1. 债务人贷款情况。2011年，某房地产有限公司（以下简称"某房地产公司"）共向A银行申请房地产开发贷款14500万元，主要担保物为项目的在建工程抵押及其他房产抵押，抵押资产为借款人开发的苏州路某项目在建工程。贷款逾期后，共计拖欠本金11480万元，利息4608万元。

2. 关联人贷款情况。因某房地产公司项目开发资金不足，其又通过其实际控制的关联公司某酒店公司，以装修贷款名义向A银行申请7000万元贷款，并以该酒店名下房产作抵押担保。贷款逾期后，共计拖欠本金5007万元，利息1600余万元。

（二）债务人及关联人逃废债务的主要手段

1. 在未解除房产抵押情况下，擅自销售抵押房产。债务人在未经 A 银行同意的情况下，私自变卖 A 银行抵押房产，总价值约 13707 万元。对于上述房产，债务人无法提供相关发票、银行划款依据等材料佐证，且所签署的购房合同并非当地房管局提供的格式合同文本，利用购房人对购房政策不了解，在未告知其所购房产已抵押给银行的情况下，实施一房两卖，存在逃废银行债务的嫌疑。

2. 利用与关系人签订虚假购房合同来逃废债务。经查，在已售房产登记信息中，有部分购房人是债务人实际控制人的朋友或亲属。结合银行划款依据及税务发票，借款人涉嫌与关系人签订虚假购房合同，编造购房信息，私下销售银行抵押房产，逃废银行债务。

3. 与其他债务人串通，签订购房合同抵销债务。据悉，借款人及关联人因项目开发负债较大，不得不通过民间借贷融资，同时还对外拖欠工程款或材料款。从部分登记购房信息看，部分金额较大的售房合同无银行划款凭证及发票佐证，特别是在银行申请法院拍卖抵押房产过程中，出现某购房人在二拍进行过程中提出银行申请拍卖的房产中有 1500 多平方米的写字楼属于已售房产，而从其提供的资料及申报期限看，存在债务人私售房产抵债的嫌疑。

二、维权措施

（一）通过媒体发布声明，揭示私售房产风险

针对债务人私自向社会公众销售抵押房产的行为，A 银行通过

当地主流媒体发布声明，告知该房产项目系 A 银行抵押资产，告诫公众勿偏信开发商单方面宣传，债务人私自变卖 A 银行抵押资产的行为属于侵权行为，私售的房产不受法律保护，并希望买受人及时与 A 银行联系。

（二）向法院提起诉讼，维护自身合法权益

2015 年 2 月，A 银行向法院提起诉讼，并向法院申请查封了所有剩余抵押房产，同时申请法院到债务人房产开发项目现场，对已抵押给 A 银行的房产进行现场张贴查封公告。此外，A 银行还在当地主流媒体刊登"查封公告"，以寻求最佳保护效果。

（三）摸清抵押房产价值，寻求整体收购机会

为摸清无争议抵押资产的价值，A 银行要求债务人提供无争议资产清单，并委托第三方评估公司评估清理剩余抵押资产。同时，A 银行帮助债务人积极寻找买受人，对其剩余抵押房产进行整体收购，希望债务人在 A 银行监管下可以在短期内按预评估价变卖抵押房产，以偿还银行借款。

三、案件分析

该案的维权工作面临以下难点：

部分抵押和查封资产私下被债务人通过协议出租或出售给第三人，使得 A 银行在处置过程中无法变现，同时存在将来抵债被第三人干扰的可能。

在处置过程中，当地政府工作人员多次向 A 银行提出，债务人至今仍拖欠政府土地出让金数千万元，并要求银行配合，否则将不予协助办理过户确权手续。同时，A 银行的贷款抵押物多数属于在建工程，抵押资产未完税，并拖欠土地出让金，可能导致将来以物抵债难以执行。

四、启示和建议

配合法院建立"黑名单"数据库。凡是被银行征信系统和法院列入"黑名单"的债务人，建议通过社交媒体予以公告，限制其再融资和消费，目前最高人民法院已出台相关制度。

加强和公安机关沟通协调。建议公安机关加大对贷款诈骗罪和骗取贷款罪的打击力度，震慑故意逃废银行债务的行为。

【编审点评】

长期以来，在建工程和建成后的商品房抵押始终是我国商业银行房地产开发贷款的主要还款来源，也是银行管控信用风险的主要保障。《物权法》第一百八十条规定："债务人或者第三人有权处分的建筑物和其他土地附着物、建设用地使用权及正在建造的建筑物均可以抵押，银行作为债权人有权就上述抵押财产优先受偿。"但近年来，随着国家宏观调控的逐步深化，国内部分地区的房地产市场持续低迷、房地产价格疲软，部分房地产开发公司现金流紧张，甚至面临资金链断裂的风险，房地产开发贷款的信用风险日渐凸显。其中，房地产开发公司擅自对外销售银行抵押房产、一房两卖、一房两抵等现象时有发生。更有甚者，部分房地产开发公司为了逃废银行债务，与利害关系人恶意串通签订虚假购房合同，与民间借贷出资人私下达成协议，以抵押房产抵债，上述行为均对银行债权安全造成了极大隐患。本案例中，债权银行通过在媒体发布声明并提示风险、向法院提起诉讼并及时保全资产、快速灵活处置无争议抵押房产等方式，有效缓解了风险，确保了抵押房产优先受偿权的实现，具有一定借鉴意义。

（点评人：交通银行总行　施俊杰）

案例9　JZ公司利用虚假租赁提出执行异议逃废债务案

【案情摘要】近年来，债务人以各种方式逃废债务，其中利用司法程序逃废债的现象也逐渐增多。在某银行诉JZ公司等金融借款合同纠纷案件中，JZ公司等利用虚假租赁合同对执行中的抵押物提出执行异议申请，这是一起较为典型的利用司法程序阻碍执行程序，进而逃废银行债务的案例。某银行经过充分调查和依法维权，最终迫使JZ公司放弃执行异议申请，执行拍卖得以实现。

一、基本案情

2011年，JZ公司、PX公司、LM公司、PS公司等借款企业向某银行借款共计12658万元，以JZ公司名下上海某钢材市场土地及厂房（土地面积130971平方米、建筑面积41829.87平方米）为上述借款提供抵押担保。合同到期后，JZ公司等四家借款企业未能按期偿还借款本金和利息。2014年2月，某银行向某区人民法院提起诉讼，并申请查封了JZ公司名下的抵押物。某区人民法院依法判决，JZ公司等四家借款企业在判决生效10日内偿还某银行借款12658万元本金及利息，某银行对JZ公司名下抵押物享有优先受偿权。判决生效后，JZ公司等四家借款企业拒绝履行判决义务，某银行遂向某区人民法院申请强制执行。

在执行拍卖过程中，被执行人JZ公司等四家借款企业不仅拒不执行法院判决义务，还联合45名案外人依据45份虚假租赁合同向执行法院提出执行异议申请，要求确认对抵押物享有租赁权，停止执行拍卖，并赔偿3000万元清场费用。

案外人提出执行异议后，某银行对执行异议中对方提供的证据材料进行认真分析研究，认为案外人提交的租赁合同与JZ公司等四家借款企业在贷款时提交的案外人租赁合同、承诺函等证据材料有较大出入，而且JZ公司等四家借款企业有利用执行异议申请逃废债务的嫌疑。执行法院如果据此认定执行异议成立，银行如不采取有效措施提出抗辩，阻止执行异议行为，将给某银行的亿元债权造成巨大损失。

二、维权措施

某银行依据《民事诉讼法》及司法解释中关于案外人执行异议的规定，及时向法院提交相关证据，要求及时予以审查。某银行向法院提供了JZ公司等四家借款企业在贷款时提供的案外人租赁合同和承诺函等证据材料，上述证据表明，案外人租赁合同期限为2011年3月至2014年3月，与案外人申请执行异议中提供期限为2014年3月至2017年3月的租赁合同不符，而且在JZ公司等四家借款企业贷款时案外人也出具承诺函，承诺放弃租赁权，不以任何理由妨碍抵押物的处置。抵押物自2013年至今一直处于空置状态，没有被实际使用，涉案后也已被法院查封。因此，案外人没有理由再续签45份租赁合同，且没有租金支付凭证。某银行向法院提供了上述证据及抗辩理由后，执行法院迅速行动，启动调查程序，多次约谈

JZ 公司等四家借款企业。某银行也联合外聘律师多次约谈借款企业及案外人，向其言明事实，陈述利害关系和法律后果，通过虚构租赁关系妨碍执行的相关责任人，轻则可能被罚款、拘留，重则可能会被追究刑事责任。经过多方长时间努力，案外人最终撤回了全部执行异议申请，并同意配合执行法院处置抵押物。至此，该债权追偿取得阶段性胜利。

三、案件分析

（一）难点

依据《物权法》第一百九十条规定："订立抵押合同前抵押财产已经租赁的，原租赁关系不受该抵押权的影响，抵押权设立后抵押财产出租的，该租赁关系不得对抗已登记的抵押权。"《担保法》第四十八条规定："抵押人将已租赁的财产抵押的，应当书面告知承租人，原租赁合同继续有效。"最高人民法院《关于适用〈中华人民共和国担保法〉若干问题的解释》第六十五条规定："抵押人将已租赁的财产抵押的，抵押权实现后，租赁合同在有效期内对抵押物的受让人继续有效。"按照"买卖不破租赁"原则，抵押权无法对抗租赁权，如果租赁关系在先，抵押关系在后，抵押物上的租赁权将长期存在，抵押权就会形同虚设。实践中，尤其是在抵押之前存在租赁关系而且承租方较多的情况下，可能会存在抵押人和案外人恶意串通，通过虚构租赁合同关系来对抗执行行为，甚至还虚构支付凭证，从租赁合同形式上提出对抵押权人不利的证据和抗辩意见，调查和证伪也较为困难。

《民事诉讼法》第二百二十七条规定："执行过程中，案外人对执行标的提出书面异议的，人民法院应当自收到书面异议之日起十五日内审查，理由成立的，裁定中止对该标的的执行；理由不成立的，裁定驳回。"《最高人民法院关于适用〈民事诉讼法〉解释》第四百六十五条规定："案外人对执行标的提出异议的，经审查，按照不同情形处理。"现行司法程序过分强调保护案外人的程序权利，案外人一旦对执行标的提出租赁执行异议，普遍都要进入执行异议听证程序。审查听证程序结束，如果法院裁定驳回，案外人还可提起申诉等。实际上，大多案外人提出的执行异议明显没有事实和法律依据，是一种对程序权利的滥用，若这样的异议也需听证的话，对银行是极其不公平的。

（二）风险点

借款企业利用虚假租赁关系阻碍、对抗执行，与法律上关于在先租赁与实现抵押之间关系的规定有关，借款企业往往会利用法律规定来虚构在先租赁关系对抗抵押权，抗拒司法执行，逃废银行债务。一方面，在先租赁权具有对抗力，合法有效的在先租赁关系不受买卖（抵押权）等物权变动的影响，即所谓"买卖不破租赁"。因此，部分抵押人想尽办法利用在先租赁合同恶意对抗抵押权行使。另一方面，在先租赁权无公示环节和要求，租赁合同不以登记为生效要件，他人无法通过登记查询得知在先租赁情况，如果双方恶意串通伪造在先租赁合同，其他权利人难以举证涤除其租赁权。

借款企业滥用执行程序阻碍、对抗执行，不仅拖延了执行期限，而且增加了抵押物执行处置风险。一方面，滥用执行程序延长了执行处置期限，造成诉讼程序权利滥用；另一方面，增加了执行处置难度，如果无法涤除虚假租赁关系，并附带租赁执行评估拍卖，将影响后续拍卖执行和债权受偿。如执行法院或执行法官不对租赁合同效力进行认定，只能被动接受法院意见，请求法院附带租赁启动评估拍卖程序，但后续清场和受偿工作将受到影响。

四、启示和建议

针对案外人通过虚构租赁合同提出执行异议申请的方式对抗、阻碍法院执行，从而实现逃废银行债务的问题，提出以下建议：

（一）司法部门应建立被执行人通过虚假关系对抗执行的识别和防范机制，加大对虚构租赁合同等提起执行异议程序的打击力度

建立虚假诉讼识别机制，惩戒通过虚构租赁合同等规避执行的行为，使其"不能违、不敢违"，一旦调查属实，严厉制裁，并广为宣传，以儆效尤。

（二）落实执行异议听证审查制度，不需要听证或不符合听证要求的，应当裁定拍卖、变卖

实践中，有的被执行人或者案外人往往通过提供虚构的租赁合同对执行标的提出异议，企图通过拖延诉讼等方式导致正常听证程序无法开展，也导致抵押物无法正常如期拍卖。因此，应建立执行异议听证审查制度，加大对虚假行为的审查和辨别，对虚假行为不予听证，直接进入拍卖、变卖程序。

（三）严格落实授信条件，防止虚构在先租赁关系对抗抵押物执行处置

凡发放抵押贷款，抵押物未被租赁的，抵押人须出具书面承诺书，承诺抵押物上没有在先租赁关系，防止后续抵押物处置遇到障碍和困难；抵押物已被租赁的，要求抵押人出具租赁合同、租金收取凭证等，要求承租人做出"放弃租赁权和不得以任何理由妨碍抵押物执行处置"等承诺，由承租人、抵押人签字，银行留存，防止通过虚构租赁关系或者虚构续签租赁关系妨碍抵押物执行处置。

（四）加强贷后管理，尤其是对经营性不动产抵押物进行管理，防止因抵押后设置租赁而增加处置困难

抵押权设立后，在贷后检查中应关注抵押物是否被出租，若发现抵押物抵押后被出租的，应及时向抵押人反映情况，予以制止。在查封空置抵押房产时，应当及时更换门锁并张贴封条；如承租人已实际占有抵押物的，应责令承租人直接向法院交付租金，冲抵被执行人的欠款，抵押人和承租人还应向法院书面承诺"在执行拍卖或处置时，配合法院执行，及时腾退，不得对抗或阻碍"；对于明显（教唆）恶意出租，甚至伪造租赁合同而妨碍或对抗执行的出租人、承租人，必要时可向法院申请采取罚款、拘留等强制措施。

（作者：平安银行资产监控部华东保全中心　王桂学）

【编审点评】

根据《物权法》的规定，"订立抵押合同前抵押财产已经租赁的，原租赁关系不受该抵押权的影响，抵押权设立后抵押财产出租的，该租赁关系不得对抗已登记的抵押权"。设定抵押前，抵押物已经租赁的，租赁关系不受抵押权影响，继续有效。在银行向法院申请执行债务人抵押物过程中，债务人往往会利用此项法律规定虚构租赁合同，向法院提出执行异议申请，延长执行期限，增加执行难度，阻碍、对抗执行程序，最终达到逃废银行债务的目的。针对上述情况，银行在贷前要严格落实授信核查，要求借款人或抵押人出具抵押物未被租赁的书面承诺函，防止虚构在先租赁关系对抗抵押物执行。贷后要加强管理，尤其是对经营性不动产抵押物要进行精细管理，防止因抵押后设置租赁而增加处置困难。司法机关要建立被执行人通过虚假关系对抗执行的识别和防范机制，加大对虚构租赁合同等妨碍执行程序的打击力度，并落实执行异议听证的审查制度，对不需要听证或不符合听证要求的，应当依法予以裁定拍卖、变卖。

（点评人：中国农业发展银行法务经理　吴成臣）

案例 10 巧用撤销权成功打击企业恶意逃废债案

【案情摘要】A 市杰克电子厂为集体所有制企业，该厂于 2008 年因政企脱钩转为私营企业——A 市 B 区杰克电子厂，A 市杰克电子厂名下房产过户至 A 市 B 区杰克电子厂名下，同时经营者甘某将 A 市 B 区杰克电子厂的出资全部转让给其妹夫霍某。A 市杰克电子厂拖欠某银行贷款 637 万元至 2009 年尚未结清，某银行遂诉至法院，请求法院判令改制后的 A 市 B 区杰克电子厂、甘某偿还贷款。法院一审判决甘某承担还款责任，但 A 市 B 区杰克电子厂无需承担还款责任。某银行另案起诉请求撤销甘某将 A 市 B 区杰克电子厂转让给霍某的行为，法院判决某银行胜诉，某银行通过执行 A 市 B 区杰克电子厂名下的房产收回贷款。

一、基本案情

A 市杰克电子厂（以下简称为"市杰克厂"）在 1994 年至 1999 年期间共向某银行借款 3800 万元，但一直未能还清，截至 2007 年 9 月尚欠该银行利息 637 万元。

经查，市杰克厂为集体所有制企业，隶属于市人事局，但市人事局并无实际出资，而由甘某挂靠经营，由甘某出资。早在 1999 年市人事局就要求市杰克厂与其脱钩，但该厂并未进行相应变更。

2007 年 12 月，为补办脱钩手续，市人事局与市杰克厂签订了《脱钩协议》，双方确认市人事局实际无出资，没有参与企业的经营管理活动，没有参与企业的分红，为明晰企业的产权关系，同意该企业转为私营企业。市工商局根据相关的申请材料及相应程序，于 2008 年 3 月将市杰克厂注销，注销原因为被隶属企业撤销。

市杰克厂注销后，甘某向工商局提交了申请书，认为市杰克厂是其独资挂靠企业，现已按市人事局要求将集体所有制企业转为私营企业，办理脱钩手续。其申请脱钩后成立个人独资企业，继续使用市杰克厂的名称，并向 B 区工商局提供了《个人独资企业设立登记申请书》等材料。经 B 区工商局注册，B 区杰克厂（以下简称"区杰克厂"）于 2008 年 3 月成立。同时，甘某以企业转制为由，将市杰克厂名下房产过户至区杰克厂名下。

2008 年 8 月，甘某与霍某签订《杰克厂股权转让合同》，甘某将区杰克厂以 30 万元的价格转让给霍某。随后，双方进行相应的工商登记变更手续，区杰克厂的投资人由甘某变更为霍某。

至此，市杰克厂因注销而消灭，区杰克厂连同其名下的房产变更为霍某的资产，甘某名下没有可供还贷的资产。

二、维权措施

2009 年 9 月，银行向法院提起诉讼，但最终法院认为，根据挂靠经营的定义，甘某以市杰克厂的名义对外进行民事活动，因此可以判定甘某为挂靠者，市杰克厂为被挂靠者，而市人事局为被挂靠者的主管部门。根据市杰克厂的工商登记资料，市杰克厂为集体企业，并进行工商注册，市人事局为开办单位。而根据市人事局的证明，市人事局并没有出资，全部资金由甘某支付。根据法律的有关规定，法人应有必要的财产或者经费，市杰克厂虽经过注册，但并不符合上述法人成立所必备的独立财产。因此，推定市杰克厂并不具有独立的法人人格，只是一个空壳子，更不是一个诉讼主体。甘某以市杰克厂的名义对外进行民事活动，产生债务被起诉时，甘某为第一被告，被挂靠企业市杰克厂的开办单位为共同被告，债务先以甘某的资产清偿，不足清偿的，以开办单位所收取的管理费补充清偿。

同时法院认为，甘某的个人债务不应由区杰克厂来承担，区杰克厂作为个人独资企业，具有相对独立性，作为投资人的甘某应为区杰克厂的债务承担无限责任，但法律并没有规定独资企业应为投资人的债务承担责任。甘某对某银行的债务，形成于挂靠市杰克厂期间，是在区杰克厂成立之前形成的，并非区杰克厂的自身债务，某银行要求区杰克厂承担清偿责任，没有法律依据。

另外，区杰克厂转让后，对转让前的债务依法不承担责任。根据《中华人民共和国个人独资企业法》第二条的规定，个人独资企业的设立就是原投资人的个人行为，它的转让应视为原企业的消灭，产生的则是新企业。个人独资企业在转让前以企业名义经营，所形成的债权、债务事实上都属于原投资人所有，当企业脱离原投资者时，债务并未发生消灭之事实，原投资人承担清偿其经营期间所形成的债务。因此，霍某作为转让后的区杰克厂的投资人，不对转让前的区杰克厂的债务承担责任。

综上所述，法院判决甘某向某银行偿还借款利息 637 万元，驳回某银行的其他诉讼请求。由于甘某名下最有价值的房产已随区杰克厂股权转让给霍某，甘某名下无其他可供还贷的财产，因此法院判决书成为一纸空文。

某银行另辟蹊经，提起债权人撤销权纠纷诉讼，法院判决支持某银行的诉讼请求。

2010年的9月，某银行另案向B区人民法院提起诉讼，请求判令：1.撤销甘某向霍某转让区杰克厂的行为；2.诉讼费用由被告共同承担。

某银行认为，市杰克厂从1994年12月至1999年4月期间共向某银行借款3800万元，本金经债务转移给其他公司，借款利息共计637万元继续由市杰克厂承担，但至今未清偿。市杰克厂系甘某于1991年出资挂靠市人事局成立的集体企业，甘某作为投资人应对市杰克厂的债务承担连带清偿责任。2007年年底，市杰克厂根据市人事局的要求补办脱钩手续，转制成立甘某为投资人的个人独资企业，即区杰克厂。2008年，市杰克厂未清偿债务就注销，同年4月至7月期间，甘某直接将市杰克厂名下的房产更名过户至区杰克厂名下。2008年8月甘某与霍某签订《杰克厂股权转让合同》，约定甘某将区杰克厂以30万元的价格转让给霍某。《个人独资企业法》第二条规定，个人独资企业的财产为投资人个人所有，甘某以30万元价格转让区杰克厂给霍某，明显属于以不合理的低价转让财产，系恶意转移财产，严重损害了某银行的利益。

被告辩称，甘某于2008年8月转让区杰克厂，工商核准变更登记时间为2008年8月6日，原告于2010年9月21日起诉已超过1年的除斥期，因此撤销权已消灭。根据《个人独资企业法》的规定，个人独资企业没有独立的财产，亦不具备法人资格，登记在其名下的房产实际属于甘某个人所有，甘某转让房产的行为与本案无关。某银行将转让房产的行为与转让区杰克厂的行为混为一谈，若原告认为甘某转让房产的行为属可撤销行为，应另行起诉。无论是转让房产还是区杰克厂，霍某都支付了相应的对价，甘某设立区杰克厂时以个人财产出资 30 万元，后同样以 30 万元的价格将该厂转让给霍某，房产亦以 450 万元的价格转让给霍某，因此不存在以明显不合理的低价转让财产。

法院审理认为，某银行要求撤销两被告之间的转让行为，并未超过合同法规定的一年的除斥期，《中华人民共和国合同法》第七十五条规定："撤销权自债权人知道或者应当知道撤销事由之日起一年内行使。"在原金融借款合同纠纷案中，某银行诉至法院时尚以市杰克厂作为该案被告，在该案审理过程中，某银行于 2009 年 9 月 25 日以市杰克厂已变更为区杰克厂为由申请将该案被告由市杰克厂变更为区杰克厂，并追加霍某为被告。某银行又根据该案案情于 2009 年 12 月 28 日向区房管局查询房产权属情况，得知房产由市杰克厂变更为区杰克厂。可见，某银行在该案起诉时并未知道市杰克厂已注销，并在该案设立过程中始得知市杰克厂注销、甘某另成立区杰克厂、两被告之间转让区杰克厂以及房产权属变更情况，上述某银行申请变更、追加该案被告的时间可视为其知道撤销事由的时间，某银行提起债权人撤销之诉未超过一年的除斥期间。

法院同时认为，某银行有权撤销两被告之间转让区杰克厂的行为。《合同法》第七十四条规定："因债务人放弃其到期债权或者无偿转让财产，对债权人造成损害的，债权人可以请求人民法院撤销债务人的行为。债务人以明显不合理的低价转让财产，对债权人造成损害，并且受让人知道该情形的，债权人也可以请求人民法院撤销债务人的行为。"本案中，两被告签订《杰克厂股权转让合同》，约定甘某将区杰克厂以 30 万元的价格转让给霍某，由霍某在该协议签订后三日内以现金形式一次性支付给甘某，但两被告未能提供证据证明股权转让款已支付。

关于两被告辩称转让区杰克厂的行为并不包含转让房产的行为问题。虽然从霍某与市杰克厂之间关于转让房产的协议以及两被告之间签订的《杰克厂股权转让合同》的落款时间来看，转让房产的行为与转让区杰克厂的行为发生于不同的时间，但房产原登记在市杰克厂的名下，霍某与市杰克厂约定转让房产后，该房产并未过户至霍某名下，而是随着该房产的权属人变更为区杰克厂，之后随两被告之间转让区杰克厂的行为而变更到现投资人为霍某的区杰克厂名下，可见房产的权属发生变更与两被告之间转让区杰克厂的行为密切相关。某银行作为甘某的债权人，其有权对债务人处分财产的行为予以监督，以保障债权人的合法权益不受损害，无论两被告之间具体采取何种方式转让财产，当原告得知原登记于借款人市杰克厂名下的房产现已转到投资人为霍某的区杰克厂名下，且两被告之间存在转让区杰克厂的行为，在某银行认为该转让行为对其造成损害的情况下，某银行当然有权提起诉讼要求撤销双方之间转让区杰克厂的行为。两被告理应举证证明双方之间转让区杰克厂的对价中包含该房产的价值，两被告未能提供相关支付凭证以证明支付了房产对价450万元的主张。《最高人民法院关于使用〈中华人民共和国合同法〉若干问题的解释（二）》第十九条规定："对于合同法第七十四条规定的'明显不合理的低价'，人民法院应当以交易当地一般经营者的判断，并参考交易当时交易地的物价部门指导价或者市场交易价，结合其他相关因素综合考虑予以确认。转让价格达不到交易时交易地的指导价或者市场交易价百分之七十的，一般可以视为明显不合理的低价，对转让价格高于当地指导价或者市场交易价百分之三十的，一般可以视为明显不合理的高价。债务人以明显不合理的高价收购他人财产，人民法院可以根据债权人的申请，参照合同法第七十四条的规定予以撤销。"根据上述司法解释的规定，即使霍某主张的案外人冠声厂、麦某等向市杰克厂支付的200余万元系代霍某支付的购房款，亦明显低于上述司法解释规定的标准，可认定为以明显不合理低价转让财产。

综上所述，法院判决撤销被告甘某向被告霍某转让区杰克厂的行为。

三、案件分析

近年来，商业银行通过运用撤销权诉讼成功追回被债务人恶意转移的股权、房产等有效资产，使得多个回收渺茫的项目实现重大突破。

本案诉讼之初，某银行认为是简单的金融合同纠纷案件，转制后的企业当然要承担转制前企业的欠债，但法院的判决却出乎某银行的意料，认为市杰克厂没有诉讼主体资格，区杰克厂不需要承担还款责任，某银行一度陷入困境。某银行经研究分析，提起债权人撤销之诉，且获得法院判决支持，困难迎刃而解。由此可见，设计诉讼策略，提出准确的诉讼请求，对维权成败起到了关键作用。

四、启发与建议

撤销权诉讼虽然债权追偿效果好，但在实践中仍存在较多难点，其核心环节在于债权人要举证证明债务人"恶意"对其名下财产进行了不合常理的处置，且该财产处置行为有害于债权人的债权，需要债权银行多方查证并固定相应证据。银行在处理借款纠纷，尤其是面对债务人恶意转移财产进行逃废债时，可结合案件具体情况灵活使用撤销权诉讼，以达到良好的债权清收效果。

首先，授信前银行应全面调查债务人名下的财产线索，财产线索应包括：收入、银行存款、现金产品、有价证券；土地使用权、房屋等不动产；交通运输工具、机器设备、产品、原材料等动产；债权、股权、投资权益、基金份额、信托受益权、知识产权等财产性权利，甚至是微信、支付宝等新型财产，经办人员应将财产信息登记备案。

在债务逾期后，银行应重新调查并比对登记备案的债务人财产信息，以确定债务人名下财产是否存在不正常变动的情况。除此之外，在执行环节银行还可以根据最高人民法院2017年5月1日施行的《关于民事执行中财产调查若干问题的规定》，向人民法院提出司法审计的请求，以全面了解债务人名下的财产变动情况。

其次，根据民事诉讼中"谁主张、谁举证"的证据规则，在撤销权诉讼中为了证明债务人的不合理低价转让行为，债权银行可以根据掌握财产的类型，采取不同的方式予以证明，如针对土地使用权、房屋等不动产可以聘请独立的第三方评估机构进行评估；针对机器设备、产品、原材料等动产可以参照同质同类产品的市场价予以确定；针对上市公司的股权价值可以通过证券市场的公开价格予以确定；针对投资权益、基金份额、信托受益权、知识产权等财产性权利可以通过具备专业背景的机构予以确定。

【编审点评】

我国的债权人撤销权规定在《中华人民共和国合同法》第

七十四条中有明确要求："因债务人放弃其到期债权或者无偿转让财产，对债权人造成损害的，债权人可以请求人民法院撤销债务人的行为。债务人以明显不合理的低价转让财产，对债权人造成损害，并且受让人知道该情形的，债权人可以请求人民法院撤销债务人的行为。"

债权人撤销权制度的设立突破了合同的相对性原则，使得债务人和第三人之间的法律关系处于一种不稳定的状态，为了避免债权人撤销权制度被滥用而影响和破坏交易安全，故法律对债权人撤销权的成立要件进行严格限制。在实践中，鲜有银行能够通过该种方式维护自身权益，但本案例中，该银行成功运用撤销权撤销了企业恶意转移财产的行为，有效维护了其债权安全，其处理方式值得借鉴。

（点评人：中信银行总行 陆忠虎）

案例 11　企业换壳逃废债案

【案情摘要】2016 年以来，受宏观经济形势持续下行的影响，实体经济经营成本上升、利润下降等因素导致某些企业资金链紧张，产生风险的趋势加大，对某银行信贷风险防控造成了很大压力，在该行的不良贷款中，也存在个别企业恶意逃废债的情况。比如某工贸有限公司，该公司由于前几年对外扩张过度，融资规模过大，涉及担保圈风险，导致资金周转困难，现已停产，却以新公司永康市某公司名义继续对外经营，拒绝履行还款责任。

一、基本案情

某工贸有限公司的法定代表人为吕某，注册资本 2688 万元，其中吕某出资 1318 万元，占注册资本的 49%，企业主要经营滑板车等。2014 年，某工贸有限公司在某银行贷款 3000 万元，由位于总部中心的房产作抵押。

近几年，某工贸有限公司在其他银行风险敞口融资 9274 万元，或有负债 16738 万元。某工贸有限公司由于前几年对外扩张过度，融资规模过大，涉及担保圈风险，导致资金周转困难，已停产，不缴税，有将财产转移至新公司永康市某公司的嫌疑。

永康市某公司成立于 2014 年 11 月 5 日，法定代表人吕某超（某工贸有限公司法定代表人吕某之子），注册资本 200 万元，其中吕某超出资 160 万元，占注册资本的 80%，吕某出资 10 万元，占注册资本的 5%，吕某攀（吕某超堂兄）出资 30 万元，占注册资本的 15%，注册地址为永康市开发区某某路 383 号（某工贸有限公司原地址），经营范围为日用五金制品、日用休闲塑料制品、不锈钢制品、铝合金制品、滑板车、户外休闲用品制造、加工、销售，玩具车销售，现主营业务为滑板车等，主营产品与某工贸有限公司原主营产品相同，客户群体、生产人员、销售人员也基本与某工贸有限公司相同。

借款企业某工贸有限公司厂房原抵押在银行，于 2015 年 12 月进行拍卖，由永康市某公司出资购买。2015 年，永康市某公司纳税超 1000 万元，在永康市纳税排名中列第 54 位。该企业从 2016 年农历正月初八开工，生产正常，现有职工 300 多人，每月发放工资约 135 万元。

借款人成立新公司进行对外生产经营，企业经营正常，却拒绝履行还款责任。在贷款发放时，借款人尚未成立新的公司，因此未与新公司签订相应担保合同，银行虽然要求新主体作为共同还款人，但最终仍未能将永康市某公司作为共同还款人进行诉讼。

二、维权措施

某银行于 2015 年 11 月 26 日将某工贸有限公司起诉至法院，并对某工贸有限公司位于总部中心某某大厦 25 楼的房产，及保证人浙江 HM 工贸有限公司位于武义县桐琴五金机械工业园房产进行了查封，保证人浙江 HM 工贸有限公司位于武义县桐琴五金机械工业园房产已抵押他行，无剩余价值。

某工贸有限公司厂房原抵押在其他银行，于 2015 年 12 月进行拍卖，由永康市某公司出资购买。诉讼中，某银行虽要求永康市某公司作为共同还款人，但最终未能被法院接受。

三、启示和建议

（一）建议完善企业逃废债管控机制

对逃废债企业及其法定代表人、股东、实际控制人及其亲属土地、房产、股权等权属于近期内进行登记、变更、转让、过户、抵押等事项，一经查实为逃废债行为，要对以上行为进行撤销，限制其通过股权转让、房地产过户、资产租赁、资产转移等手段逃废债务。同时，对以上相关人员要限制其出境审批，限制进入高档酒店、娱乐场所、商场奢侈品专柜等进行消费，限制进入或参与政府采购及工程招投标，并且取消各种评优资格和享受优惠政策。

（二）建议政府加大对企业逃废债专项打击力度

增强打击对象的针对性和打击力度，要重拳出击，抓典型，强举措，形成雷霆万钧之势，对成立新平台经营，但不承担原企业债务的企业进行立案侦查，深究到底，做到"打击一次，震慑一片"，营造"逃债必究，追究从严"的氛围，遏制企业逃废债的上升势头。

（三）建议加强打击逃废债的舆论宣传

加强舆论宣传，强化舆论监督，通过报纸、电视等媒体定期向社会公布逃废债"黑名单"，曝光反面案例，营造声势，形成威慑。通过打击与联合惩戒相结合，曝光与友情劝告相结合，宣传与预防相结合，形成明显的警示、震慑效应，增强社会各界的信用意识，推进社会信用体系建设。

（作者：永康县农商银行　李云礼）

【编审点评】

近年来，在宏观经济出现下行压力的整体环境下，部分企业还款能力下降，主动还款意愿降低，更有甚者，部分企业采取虚假交易、关联交易等方式，转移企业有效资产，甚至通过恶意破产来逃废银行债务，给银行债权安全带来了较大威胁。企业恶意逃废债务已经成为目前商业银行最为棘手的问题，但实践中，银行由于信息不对称等原因，难以利用合同撤销权等法律手段维护自身权益。本文中所述案例就是企业通过换壳经营逃废债权的典型案例，作者基于其丰富的实践经验，给出了相关处理建议，可以作为银行维权的参考，也可以作为立法或司法机关处理该类问题的参考。

（点评人：中信银行总行　陆忠虎）

案例 12　周某在亲友之间虚假转让股权逃废债务案

【案情摘要】法院判决借款人偿还银行贷款，保证人对贷款偿还承担保证责任。在法院判决生效后、执行前，保证人通过与他人串通，虚假转让自己持有的股权，可能构成拒不执行法院生效判决罪。银行在考虑通过民事诉讼确认虚假转让行为无效的同时，可以考虑对被执行人启动刑事诉讼程序，以督促其履行还款责任。

一、基本案情

2014年4月2日，温州某银行向温州某实业公司发放贷款1000万元，期限一年，周甲等为该贷款提供连带责任保证。2014年8月20日始，该实业公司不再按约支付利息。2015年3月5日，银行与该实业公司达成《展期协议》，贷款展期至2016年3月1日，展期后，该公司仍未按约支付利息。2015年7月，银行对借款人及担保人周甲等提起诉讼，2015年10月25日，法院判决该公司偿还银行贷款，周甲等承担连带清偿责任。2016年1月，该案件进入执行阶段，周甲支付了30万元，但对剩余款项拒不履行。

银行工作人员查询发现，周甲在判决生效后、执行立案前，银行账户内有款项支取行为，但并未偿还银行的欠款，也未向法院报告。另发现，2014年8月8日，周甲将自己持有的价值2235万元的江西某企业的股权转让于周乙，周乙又将以上股权转让于周丙，转让行为均发生在借款期间，且各转让人之间互为亲属关系。

二、维权措施

（一）要求法院将案件移送公安机关，以刑事手段施压

周甲的股权处置存在虚假转让、拒不执行等行为，已涉嫌刑事犯罪，银行及时提出要求，主张法院将案件移送公安机关进行立案侦查。案件被移送公安机关后，公安机关对相关当事人进行了抓捕。在审讯阶段，当事人对自己恶意逃废债务的行为供认不讳。

（二）请求法院"穿透处置"，以执行程序施压

在执行过程中，在有合理证据证明被执行人为"实质所有人"的情况下，银行请求法院予以执行，形成一定的震慑力，并配合公安机关对逃废债行为进行刑事立案侦查。

（三）多渠道曝光，以舆论施压

针对周甲等被执行人有履行能力，有实际控制的企业在运转，生意较好却故意逃废债务、转移财产的情况，银行在司法系统公布"老赖"信息的基础上，同时在村委会、居委会、社区等多渠道曝光，形成舆论压力，以督促其履行还款义务。

三、案件分析

（一）逃废债当事人布局长远，防范难度大

本案中，周甲为逃废银行债务，在贷款第一次出现逾期，刚刚产生可能承担保证责任的预感时，即着手布局其股权虚假转让，想法可

谓很"长远"。按照银行处置流程，贷款逾期后，除非企业运营已经无可挽回，银行并不会立即投入清收，多数会与企业、保证人等进行沟通，对贷款展期或者重组，这就给恶意逃废债的保证人以机会，待贷款到期，借款人难以还款时，恶意逃废债的保证人早已将财产多次移转。

（二）逃废债行为隐蔽性强，发现难度大

一是财产隐蔽性强，银行查明保证人财产的途径本就有限，加之人为设定的障碍，或者由于个别行政机关及司法机关不作为、乱作为，财产查明问题一直都是银行清收的痛点。二是逃废债交易的隐蔽性强，逃废债交易并不对外披露，债务人、保证人通过虚假交易转移财产，银行很难发现，即使发现了，也很难举证是虚假交易。

（三）逃废债交易链长且复杂，维权难度大

通过设计长且复杂的交易链，从而隐匿转移财产，隐蔽逃废债意图，这是恶意逃废债当事人的惯用手段，大大增加了银行的维权难度。

1.民事诉讼程序冗长且风险高。在多重交易的情况下，从法律上看，每个交易都是独立的，银行通过民事诉讼维权，可能需要对每个交易逐一发起诉讼，造成诉讼程序繁琐且漫长，严重影响清收效率。同时，如果多重交易或复杂交易的任何一个环节被认定为正常交易，都有可能阻断银行的追索，大大增加银行维权的难度，并最终使银行债权落空。因此，对于复杂交易，民事诉讼维权周期长，且可能要面临很高风险，并不算较好的维权手段。

2.刑事手段的效率极高，但启动比较难。当事人恶意逃废银行债务，虽然主观恶性强，但是并不直接构成犯罪，即使在债务人、保证人与他人恶意串通侵害债权人权利的情况下，也并不直接构成诈骗等犯罪。债务人、保证人可能仍然需要通过拒执罪、骗贷罪等罪名处置，而这些罪名的立案、认定均有一定的不确定性，各地法院掌握的尺度不一，立案难等情况还普遍存在。

3.执行程序突破难度大。在本案中，虽然通过法院执行了不在被执行人名下，但被执行人为"实质所有人"的财产，但是这种做法在实务中操作难度极大，要求标准极高，并不具备普遍指导意义。多数情况下，银行根本难以启动对该类财产的执行。

四、启示和建议

（一）在信贷管理中，要经常关注研究债务人、担保人重大财产变化

贷前了解债务人、保证人资信状况、资产状况，贷款一旦逾期，更应当严密关注债务人、担保人的重大资产处置状况。如果有可能，可以考虑与债务人、保证人约定重大资产处置告知条款，要求债务人或保证人处置重大资产时将交易状况告知银行。

（二）熟练运用现有的财产查控机制，通过外部渠道掌握债务人、担保人财产状况

目前对当事人的财产查控手段比较有限，并且未能实现联查联控机制，银行应当熟练运用现有渠道的财产查控手段，包括企业信用公示系统、股权质押登记系统、应收账款质押登记系统、不动产登记系统、裁判文书公示系统等，通过检索比对，发现相关的财产线索及交易线索。同时，通过诉讼尽快进入执行后，借助执行法院的查控系统，也可以发现当事人的财产状况。

（三）必要时以拒执罪、骗贷罪、诈骗罪等刑事罪名提起诉讼，维护银行合法权益

因为刑事手段在处理复杂交易方面具有整体性及穿透性，对于交易链复杂的逃废债行为，可以首先考虑启动刑事程序处置，从而对当事人施加压力，督促还款。这要求银行债务逾期后要及时起诉，及时进入执行程序，不应无原则地展期、重组，处置时间越长，当事人的逃废债行为发现难度越大、追究责任的难度越大。当事人有逃废债行为的，也可以深挖贷款发放环节，审查其提供的申请资料是否有造假情况，抵（质）押物是否有一物二押等情况，进而研判当事人是否构成骗取银行贷款罪等罪名。

（四）深入研究并熟练运用债权人撤销权行使制度

债权人撤销权行使制度是现行法律框架下，债权人为数不多的能有效应对逃废债的方法。银行可以在充分收集相关证据的情况下，对债务人、担保人的不当交易提起撤销之诉，从而维护银行合法权益。

（五）充分利用执行程序中失信被执行人制度以及银行业协会的相关制度，对失信债务人进行通报制裁

国家构建的失信被执行人惩戒制度以及银行业协会的失信债务人惩戒制度，对当事人有很强的威慑力，应当充分利用。

（作者：龙湾县农商银行　陈舒）

【编审点评】

为应对债务人的恶意逃废债，银行要紧紧围绕扩大责任财产范围、扩大责任主体范围两个核心，充分利用《合同法》《公司法》《执行程序法》等法规要求，加大清收手段的创新力度，通过"追股东""追董监高""追回恶意转让的财产"等手段，有力打击债务人、保证人的恶意逃废债行为。

从《公司法》及相关司法解释看，公司股东需要对公司债务承担连带责任的情形包括未足额出资、出资不实、抽逃出资、不当清算、滥用公司独立人格等多种情形。银行面对公司债务人时，第一时间就应当通过公开的登记资料、公开的裁判文书资料等，对能否追究公司股东及"董监高"的责任进行筛查。

从《合同法》及相关司法解释看，银行应当充分行使"代位权制度""撤销权制度""主张公司恶意处置责任财产行为无效"等手段，对债务人恶意处置财产的行为或怠于行使权利予以纠正，从而保全或增加责任财产。

从《执行程序法》上看，银行应当充分利用"失信被执行人制度""参与分配""执转破"以及"追加股东为被执行人或变更被执行人"等制度，增加银行债务的受偿率。

在应对债务人恶意逃废债的过程中，刑事措施也是可以利用的重要手段。恶意逃废债的债务人在获取融资过程中，往往会实施伪造合同、伪造票据、伪造担保文件等行为，银行在其他途径效果不佳的情况下，可以采取刑事报案的方式维权。需要注意的是，债务人的骗取贷款行为与银行员工的违法发放贷款行为往往对应出现，在采取刑事手段时，要深入自查，防止引火烧身。

（点评人：民生银行总行　宋少源）

案例 13 假借重整逃废银行债务案

【案情摘要】2015 年 11 月，某市中级人民法院裁定强制批准保证人江西 LDK 公司（以下简称"江西 LDK"）破产重整方案，该方案以不公平的财产评估方式、极低的受偿率及受偿方式被债权人会议两次投票否决，严重损害了债权人的合法权益，并帮助债务人 SW 公司逃废大量银行债务。

一、基本案情

2011 年 8 月至 2012 年 3 月，上海某银行向 LDK 苏州公司（以下简称"苏州 LDK"，法院强制执行时已无财产可执行）开立银行承兑汇票累计 35317.93 万元，用途为采购原材料，担保方式为 40% 保证金及江西 LDK 公司保证担保。此后，陆续有五笔银票发生垫款，累计 11170.6 万元。2012 年 8 月 16 日，上海某银行起诉，并通过法院执行收回部分欠款。截至 2016 年 5 月 30 日，苏州 LDK 仍拖欠贷款本息合计 11069 万余元。

2015 年 11 月 17 日，某市中级人民法院裁定江西 LDK 公司进入重整程序，根据法律规定，未执行终结的案件程序均中止，保全措施亦予解除。在人民法院公告的债权申报期内，上海某银行依法申报债权及费用共计 9413 万余元。

2016 年 6 月 6 日，管理人认定上海某银行享有普通债权及费用共计人民币 14675 万余元。

2016 年 8 月 16 日，在第二次债权人会议上，某市政府清算组提出了重整计划草案。主要内容包括：

第一，如果实施破产清算，则以江西 LKD 公司资产价值 448915 万余元，负债总额 2353404 万余元计算，在优先支付破产费用和共益债务，以及优先清偿有财产担保债权、职工劳动债权、税款等优先债权后，普通债权清偿率为 6.62%。据此，上海某银行的受偿金额为 485.808276 万元。

第二，如果实施破产重整，则由某集团与某上市公司组成联合体，完成对江西 LDK 公司的破产重整。债权清偿方案分为现金清偿和股票清偿，职工债权、税款债权、1000 万元以下普通债权以现金支付；对于有财产担保债权和 1000 万元以上普通债权，由上市公司向其发行股票 25446.4477 万股进行清偿。据此，上海某银行将可获得分配 45.8151 万股上市公司股票。上述股票自发行结束日起 48 个月内不得上市交易或转让，限售期满后每年减持股份数量不得超过其持有的全部股份的四分之一。

由于上述重整计划极大地损害了债权人的利益，在第一次表决中，有财产担保债权组、普通债权组和出资人组表决未通过重整计划草案。随后，清算组仅仅将重整计划草案进行了微调，将限售期满后每年减持股份数量不得超过其持有的全部股份的四分之一改为三分之一，又进行了第二次表决，仍未获通过。在两次表决中，上海某银行均投了否决票。

2016 年 9 月 30 日，某市中级人民法院通过裁定批准了重整计划。

二、维权的措施

苏州 LDK 公司风险初现时，上海某银行已通过司法途径进行追索，并在借款人已无资产可供追索时将清收重心转移至保证人江西 SW。但是，江西 LDK 公司严重资不抵债，已申请破产重整，导致诉讼执行程序均已中止。

三、案件分析

（一）难点

1. 按照法院裁定通过的重整计划，各债权银行均损失重大。根据重整计划，江西 LDK 公司普通债权清偿率为 6.62%，而大部分银行均为普通债权，按照该清偿比率，债权银行将遭受重大损失。

2. 资产评估采用破产清算的方法，严重低估破产财产价值，侵害债权人财产权益。在江西 LDK 公司的破产资产评估中，清算组聘用的评估事务所忽视债权人的正当诉求，选用了固定资产重置价值法进行评估，与破产清算采用的评估方法一样。重整案件不同于普通的破产清算，重整的目的是通过债务调整使企业摆脱包袱从而获得新生，因此，在资产估值上应该结合企业实际盈利、现金流等真实的经营情况来综合考虑，下调资产评估价格的结果只能损害广大债权人的利益。

3. 重整的流程存在瑕疵。重整过程中没有与债权人进行有效沟通，信息披露不完整。首先，LDK 集团业务涉及境内外，其重整过程相对更加复杂，需要管理人能充分协调债权人、战略投资人等各方利益。在选定战略投资者的过程中，管理人没有与债权人进行充分沟通就已经完成了战略投资者的选定，并于 8 月 16 日召开第二次债权人会议时对重整方案进行表决，时间非常仓促，没有给各家债权银行留有充足的时间。其次，作为当时全国最大的破产重整案件，没有聘请著名的会计师事务所、律师事务所等中介机构来参与重整。第三，现行的方案对金融债权的保护力度不够，第一次表决被否定后，仅仅做出微小调整，而对债权银行关注的估值和清偿率等重点内容并未做出调整。

（二）风险点

1. 部分地方政府对银行债权保护不力，成为打击逃废债过程中的主要障碍和困难。

2. 部分银行风险防范不到位，管理有疏漏。部分银行内控管理不严，加之外部监管不足，使部分贷款企业有机可乘，能够以多头开户方式逃废银行债务。由于目前我国金融机构之间尚未形成有序竞争的机制，一些商业银行为招揽客户、吸收存款，不管客户有无逃废其他银行债务的行为，只要能给本行带来存款，便积极为其提供金融服务。

四、启示和建议

（一）必须克服地方保护主义

政府部门应正确处理金融与经济的关系，充分认清企业长远发展需要良好的金融环境，金融环境不好，经济发展就不能持久，金融出现风险，经济就会停滞，决不能以逃废银行债务，扩大金融风险，进而影响整个地方经济的巨大代价换取企业困难的暂时缓解。

地方政府要把保全银行资产放在重要位置，在企业还本付息有困难时，加大督促力度，给企业还贷施加必要的压力。

（二）加大司法保护力度

首先，破产重整程序中的司法强制裁定应慎用、少用。法院在审理债务人提请法院强制批准重整计划时，应从维护国家金融秩序的高度出发，充分保护债权人和其他中小股东的利益，允许他们聘请有经验的专业机构对重整计划进行论证。经评估，如果重整计划草案确实存在损害债权人或者中小股东利益的问题，应当要求债务人及其专业机构重新调整相应内容，否则，不应批准重整，更不能不顾多数债权人的意愿，采取裁定强制重整的方式帮助债务人公然逃废银行债务。

其次，债权人应依法对破产程序中的侵权行为进行诉讼维权。依据《中华人民共和国侵权责任法》第二条规定，侵害民事权益，应当依照本法承担侵权责任。本法所称民事权益，包括财产权益。被侵权人有权请求侵权人承担侵权责任。

因此，对于破产重整中的侵权行为，如资产评估不实，管理人严重违反破产程序规定等行为，依照上述法律第十五条的规定，应停止侵害、排除妨碍、赔偿损失，向具有管辖权的法院提起民事侵权诉讼。

（三）增强自身防范风险能力

首先，要严格执行一个企业只开一个基本户的规定，防止企业多头开户，转移或隐瞒还贷付息来源。

其次，各级人民银行应充分发挥金融机构抵制逃废债行为的组织领导作用，指导商业银行建立自律机制，健全内控制度，对逃废银行债务的企业予以通报，要求银行不为其提供开户、结算等金融服务，共同惩戒逃废债企业。

最后，银行自身要不断增强防范金融风险的意识，依法、合规、审慎地办理贷款。

（作者：上海农商银行　蒋晓静）

【编审点评】

破产重整是对市场经济主体基于拯救目的而进行资产处置的一种特殊司法程序，以国家公权力介入的方式，在维护各参与方特别是债权人合法权益的前提下，合理考量并平衡各方利益，力争实现各参与方利益多赢的目标。一个成功的破产重整应基于各方参与人自愿协商，共谋共赢，有利于将债务人的资产快速盘活，产生现金流，恢复正常生产经营及偿债能力，所以破产重整是破解债务危机、维护合法债权的有效方法。然而，在司法实务当中往往存在部分债务人恶意利用破产重整程序，逃废银行债务的情形，尤其是破产受理法院强制裁定实施损害众多债权人利益的重整方案，本文所述即是典型的一例。

在本案的破产重整程序中，破产管理人存在联合评估机构以破产清算方法降低破产物评估价值、破产重整流程信息公开不及时不全面、重整方案表决程序严重违规等涉嫌逃废银行债务的行为，破产受理法院却在多数债权人强烈反对的情况下，强行裁定通过重整方案，引起广大债权银行的一致抗议，并导致方案最终难以实施。在最新颁布的《全国法院破产审判工作会议纪要》中，严格限制强裁范围，并进一步规范重整流程，债权人应充分利用此有力武器积极维护合法债权。

本案例给金融债权参与破产重整提供了经验教训，具有典型性，大家应以此为鉴，加强破产重整中的主动维权能力，与同业共同联手打击债务人借破产重整逃废债行为，切实维护金融债权。

（点评人：招商银行总行　顾保华）

案例 14　仓储监管机构逃避监管责任案

【案情摘要】动产质押业务致力于解决商品流通环节融资难的问题，在一定时期内，助推了各金融机构中小企业授信业务的发展，在行业内发展很快。其看似简单的三个合同、三方关系却因之后频繁发生的质押动产灭失、动产品质劣变、产权不清、监管责任确认困难等一系列问题，引发了巨大的风险。时至今日，银行维权之路仍然漫长，本案例主要探讨此类案件当前存在的维权困难及解决建议。

一、基本案情

2014 年 4 月，某银行与某钢贸公司签订借款合同，向钢贸公司提供贷款 400 万元，钢贸公司以自有的钢管、圆钢为借款提供质押担保，并签订了质押合同。同日，银行与钢贸公司、仓储监管公司分别作为甲、乙、丙三方签订仓储监管协议，协议约定乙方提供甲方认可的质物，作为甲方所提供授信的质押担保，由丙方按照合同进行占有，履行保管和监管责任。质物以质押清单为准，在乙方清偿甲方全部债务前，不论乙方是否提货，库存物应符合最低要求。甲方采用间接占有的方式监管质物，委托丙方直接占有质物。丙方确认对存放监管质物的场地或者仓库拥有完全的、排他的使用权或所有权。监管期间，丙方应妥善保管质物，在质物出现不利于甲方授信安全的情况时，丙方应立即采取有效措施并通知甲方。质物的实际价值超出甲方要求的最低价值时，乙方就超出部分提货时，无需追加或者补偿保证金，可直接向丙方申请办理提货。丙方应保证提货后处于丙方占有、监管下的质物的货物价值始终不低于合同要求的质物最低价值。丙方因监管不力、违约等造成质物毁损、短少、灭失时，甲方有权要求丙方立即将质物恢复原样或者立即由丙方存入与毁损、短少、灭失的质物等值的保证金作为质押。银行与监管机构公司签订库存质物最低要求通知书作为上述监管协议的附件，约定质物的最低价值余额为 572 万元。

在仓储监管协议履行过程中，2014 年 7 月 31 日晚，第三方以与钢贸公司有债务纠纷为由，将被监管的质物拉出监管区。仓储监管方在整个过程中未能采取有效措施制止第三方拉走质物，也未及时通知银行。直到 2014 年 8 月 1 日，仓储监管方才告知银行质物被第三人拉走的情况，并向 110 报警。

风险发生后，银行与钢贸公司取得联系，经了解，钢贸公司因为其他企业在小贷公司贷款提供担保，后来贷款出现逾期，小贷公司将钢贸公司货物拉走，并查封了钢贸公司账户及资产，钢贸公司的经营已出现问题，难以偿还贷款。随后，银行在追查质物的过程中了解到，质押的钢管、圆钢已全部灭失，无法追回。鉴于还款人已失去还款能力，质物也已灭失，仓储监管方对质物灭失负有监管不到位的责任，理应依据合同约定承担赔偿责任，银行随即要求仓储监管方履行合同义务，但遭到拒绝。

二、维权措施

在多次沟通无果后，银行决定提起诉讼进行追偿。在起诉过程中，法院认为借款合同与仓储监管合同属于不同法律关系，无法在一个案件中同时解决，需分别提起诉讼。因钢贸公司已停止经营，难以追偿，如对其进行诉讼，不仅诉讼过程将十分漫长，最终也难以获得清偿。而监管公司在质物灭失过程中过失明显，且监管公司具备相应赔付能力，为加快诉讼处置进程，银行决定根据仓储监管协议对监管方提起诉讼，根据处置情况再决定是否对借款人进行诉讼。

随后，银行向法院提起诉讼，要求仓储监管方将质物恢复原状，或存入与572万元质物等值的保证金。但仓储监管方辩称银行起诉主体错误，应向借款人要求承担违约责任而非监管人，而且监管人已严格按照监管协议履行了义务，没有违约，因此拒绝承担责任。

后经法院审理认为：1. 银行与仓储监管方签订的仓储监管协议是当事人的真实意思表达，协议内容不违反法律、行政法规的强制性规定，协议合法有效。2. 协议双方应按照协议约定及合同法的规定，严格履行协议规定的各项义务，违反约定应向对方承担违约责任。3. 银行以监管方违反协议约定，起诉仓储监管方，要求承担违约责任，符合法律规定和协议约定，对仓储监管方辩称的诉讼主体错误，不予认定。4. 仓储监管方的主要义务是监管质物，确保质物不低于最低价值，在没有免除监管责任的情况下，质物出现短缺、灭失，仓储监管方应承担违约责任，对仓储监管方辩称的无监管责任，不予支持。5. 银行要求监管方将质物恢复原状或存入质物最低价值的保证金，具备法律依据和合同依据。

因此，一审法院判令仓储监管方将质物恢复价值至 572 万元，若不能恢复或者不能足额恢复价值，应以保证金的方式补足 572 万元。

随后进行的二审过程中，仓储监管方提出了以下理由予以抗辩，试图逃避履行仓储监管协议中约定的相关义务：1. 本案是由仓储监管协议产生的纠纷，案由定位为仓储合同纠纷不当。2. 钢贸公司是被监管质物的出质人和所有人，本案因钢贸公司擅自处置质物而引发。3. 监管方看管人员发现钢贸公司处置质物后，及时通知了银行，同时向 110 报警，因此已尽到了监管职责。4. 原审判决认定质物已全部灭失与客观事实不符，质物被钢贸公司擅自处置，并非灭失。5. 钢贸公司是仓储监管协议的当事人，又是争议事实产生的责任人，是必要诉讼当事人，应追加钢贸公司参加诉讼。6. 仓储监管方与钢贸公司还签订了一份租赁及监管协议，约定钢贸公司租赁监管方的仓库存放质物，质物所有权归钢贸公司所有，监管费由钢贸公司缴纳。银行不是质物的所有权人，也不是缴纳监管费的义务人，即使在履行仓储监管协议过程中有争议，也是监管方与钢贸公司之间的事情，与银行无关，银行无原告资格。7. 从一审判决结果看，监管方承担了事实担保人的责任，但仓储监管协议约定的监管方是银行的代理人，代银行监管质物，监管方获得少量监管费而承担重大责任，显失公平，且没有法律依据。

二审法院审理认为：1. 关于案由是否应定为仓储合同纠纷，法院认为三方签订的仓储监管协议是当事人真实意思表达，不违反法律、行政法规的强制性规定，协议有效。2. 根据协议约定，借款人提供质押，需转移质物的占有，银行不直接占有质物，而是采取与监管方签订仓储合同的方式，由监管方保管质物，协议内容符合存货人将质物交给保管人，保管人予以保管的仓储合同特征，双方成立仓储合同关系。3. 由于本案的质物是价值 572 万元的钢管、圆钢，质物实际超出 572 万元时，钢管公司可以直接提货。质物处于动态中，监管方有义务保证占有、监管的质物不低于 572 万元，据此银行与监管方亦成立委托关系。4. 基于履行仓储监管协议项下义务，监管方收取了费用，属于有偿委托，本案案由可定为仓储、委托合同纠纷。5. 关于原告主体资格，法院认为动产质押应转移质物的占有，银行作为质权人可以委托监管方保管和监管质物，出质人支付转移质物占有期间的费用，不影响银行依据仓储监管协议主张权利，银行具有原告主体资格。6. 关于是否应追加钢贸公司参加诉讼，法院认为其虽然参与签订了仓储监管协议，但不是仓储、委托合同关系的当事人，即使系其债权人将质物拉走，与本案也不属同一法律关系，钢贸公司不是本案的必要诉讼当事人，不必追加。7. 关于监管方是否已经尽到监管职责，法院认为 2014 年 7 月 31 日晚质物被拉走时，监管方既未通知银行，亦未报警，在质物出现不利于银行授信安全的情况下，没有立即采取有效措施，监管方具有过错，构成保管不善，没有尽到监管职责。8. 关于监管方赔偿质物损失是否显失公平，法院认为有效的合同对当事人具有法律约束力，仓储监管协议约定监管方因监管不力、违约等造成质物毁损、短少、灭失后，银行有权要求监管方立即将质物恢复原样或者存入同毁损、短少、灭失的质物等值的保证金作为质押，银行有权根据协议约定请求监管方履行义务。最终，二审法院维持原判，银行取得了案件的胜诉。

三、案件分析

（一）难点

本案的难点在于仓储监管方的责任认定，而在其他动产质押仓储监管案件当中，由于质押物品质发生劣变导致银行实际质权无法实现，或多家债权银行对同一动产均提出质权要求等问题的存在，更增添了案件的维权难度，并鲜有维权成功案例。

（二）风险点

1. 仓储监管协议中对仓储监管方的义务约定不明确、不具体。

2. 处于流转中的质押物（出、入货过程中）品质发生变化。

3. 质物灭失、品质劣变与仓储监管方监管协议约定的义务履行不到位之间存在必然联系的举证难题。

4. 仓储监管方的责任，在现实案例中往往被认定为补充清偿责任。

四、案件启示

仓储监管合同的签署应明确仓储监管方的具体责任，如本案仓储监管协议中约定的补货或补充保证金的责任。

在已约定质押物品质的情况下，如发生质物品质劣变等情形，如何证明协议中约定品质的质物已事实交付给仓储监管方，以及如何证明质物品质劣变是由仓储监管方未尽监管义务而产生，这些证据尤为关键，且举证责任往往落到银行身上。如果不能获得充分有利的证据，很难获得法院支持。

对仓储监管方的资质要充分考量，避免因监管不到位出现质物权属不清，以及确认监管责任后不能实际履行等问题。

【编审点评】

伴随着物流业和金融业在市场经济环境下的不断发展，以及物流和资金流的有机结合，物流金融概念应运而生，一些金融机构更是推出了供应链金融业务。其中的质押监管是指出质人（货主）以合法占用的货物向质权人出质，作为质权人向出质人授信融资的担保，监管（保管）人接受质权人的委托，在质押期间按质权人指令对质物进行监管的业务模式。出质人（货主）需要更多在库商品，需要融资；质权人寻找融资客户，而且风险需要降到最低；监管方监管出质人（货主）的融资商品，替质权人把控风险，并且承担风险，三者合作产生质押监管业务。通俗地说，就是贷款人把质押物寄存在物流企业的仓库中，然后凭借物流企业开具的仓单就可以向金融机构申请贷款融资，物流企业作为公正的第三方对客户的货物进行监管，当客户需要提货时，只需要出具金融机构的放行条就可以获准放行。

从传统意义上讲，作为供应链金融业务的重要组成部分，仓储行业的定位应该是货物的"保管员"，其首要职责是确保货物的安全。如果安心守本，规范经营，仓储行业完全可以成为整条产业链中最安全的一个环节。然而，在具体的操作过程中，一些企业为了获取不法利益，不惜铤而走险，通过虚假交易，进行重复质押。如2011年，上海钢贸市场银行质押贷款余额是上海市场钢材总库存价值的2.79倍，换句话说，钢材质押如果按照6折计算价值的话，同一批钢材就被质押了近5次，重复质押、虚假质押之猖獗，可见一斑。一些监管方采取不正确的保管方式，造成货物毁损或变质，且未及时通知出质人，甚至在动态监管过程中换货，帮助出质人以次充好。造成这一局面的根本原因，笔者认为，主要是因为商贸企业缺乏合理有效的监管机制来约束投机，控制风险。

因此，要想从根本上改变这一现状，仓储企业应引进第三方进行监管，同时建立完备的第三方监管体系，不仅要将仓储企业的监管职能交由专业的第三方监管机构来行使，而且还包括对整个仓单质押贷款流程的监管，从而在根本上切断仓储企业、货主和金融机构从业者之间的利益链，保证行业健康有序发展。

（点评人：华夏银行总行　高海涛）

案例 15　某市 FS 水产有限公司逃废绩务案

【案情摘要】债务人某市 FS 水产有限公司（以下简称"借款人"）与普陀某商业银行（以下简称"银行"）连续七年保持信贷关系，直至 2015 年借款人在银行的贷款余额为 1500 万元。当时该笔信贷的担保安排包括：1. 借款人法定代表人以及其配偶提供的全额保证；2. 借款人所有的 10000 平方米土地、6791.8 平方米厂房及厂房内设备抵押。当借款人出现逾期后，法定代表人及其配偶均失联，所抵押的厂房已经与他人签订了长期租赁合同，且所有租金已经支付，影响了抵押物的处置。经过诉讼，法院最终于 2017 年 4 月拍卖了抵押物，银行追回了部分贷款，但最终由于借款人和保证人再无可供执行的财产，法院裁定终结执行程序，待发现借款人或保证人有可供执行财产时，再向法院申请恢复执行。借款人、保证人被法院裁定纳入失信被执行人名单。

一、基本案情

借款人成立于 2006 年 9 月，注册资本 800 万元，公司地址在舟山市普陀区某工业园区，土地面积 10000 平方米，建筑面积 6791.8 平方米，拥有 6000 吨级冷藏库一座。

借款人在与银行建立信贷关系的七年时间里，一直信誉较好，能及时还本付息。2015 年，其在银行贷款余额为 1500 万元，其中

1400 万元由 FS 公司土地、厂房及设备做抵押，100 万元由舟山市普陀区某担保有限公司保证，法定代表人和股东对以上 1500 万元贷款承担连带保证责任。

借款人自 2015 年第四季度利息收息日开始出现逾期，法定代表人陈海军手机处于无法联系状态。

公司厂房已被其他债权人占有，而且借款人与占用厂房的第三方签订了为期 10 年的租赁合同，租赁期限为 2013 年 11 月 19 日至 2023 年 11 月 18 日，租赁合同显示租金已全部收取。

二、维权措施

银行向普陀区人民法院起诉借款人以及保证人，诉讼请求包括：1. 请求依法判令借款人归还原告贷款本息（包括罚息、复利，直至借款清偿之日）；2. 请求依法拍卖、变卖抵押的厂房、土地使用权以及所有生产设备，所得价款优先偿还原告上述借款本金、利息及其他相关费用；3. 请求依法判令保证人对上述借款本金、利息承担连带清偿责任，同时申请对保证人财产进行财产保全。

由于借款人和保证人的法定代表人下落不明，通过公告送达依然没有到庭，法院组成合议庭通过普通程序在被告缺席的情况下审理了本案。公告送达被告人拖延了案件诉讼程序的进程，阻碍了银行债权的及时实现。

法院经审理判决如下：1. 借款人在判决生效之日起，十日内归还银行借款本金、利息；2. 若借款人未按期履行上述债务，对抵押的厂房、设备以及随附的土地使用权进行拍卖、变卖，依法变价后的价款按照抵押顺序，银行享有优先受偿权；3. 保证人对借款人的上述债务承担连带清偿责任。如果未按本判决指定的期间履行给付金钱义务，应当依照《民事诉讼法》第二百五十三条之规定，加倍支付迟延履行期间的债务利息。案件诉讼费由借款人负担，保证人承担连带清偿责任。

在上述支持银行诉讼请求的判决生效后，银行申请法院强制执行该判决。此时银行发现抵押的厂房已被借款人的其他民间借贷的债权人占有，而且借款人与占用厂房的第三方签订了为期10年的租赁合同，租赁期限自2013年11月19日至2023年11月18日，租赁合同显示租金已全部收取。当时银行与已进入执行程序的另一债权方某小额贷款公司商议，由其申请拍卖抵押资产，以便尽快处置银行抵押物。在此过程中，承租人以租赁权抗辩，但在法院调查取证时未能提供相应的付款凭证。经过多方努力，法院最终拍卖抵押资产，银行的债权得到了保护。

三、案件分析

目前租赁权对抗银行抵押权的案例很多，如何解决租赁权抗辩问题成了维权的难点。银行在放贷之前对抵押的房地产调查时，往往并不存在租赁权事宜，但在执行中却出现承租人以租赁权抗辩，还能提供相应的付款凭证，且租赁时间长，租金已全部支付给出租人。在银行实现抵押权时，承租人的优先购买权，以及购买带租赁合同的抵押房地产的新所有人需要继续履行租赁合同，这种负担往往会阻碍抵押房产的出售变现。在房租已经全部支付的情况下，购买方只有许可承租人继续使用的义务，没有收取租金的权利，这使得出售抵押物变现抵债成为不可能。

我国法律有"买卖、抵押不破租赁"的规定，但这一规定仅适用于租赁合同先于抵押设立前已经成立，此种情形下抵押物出售，租赁合同在有效期内对抵押物的受让人继续有效；反之，如果抵押在前，出租在后，抵押权人在实现抵押权后，有权解除租赁关系。对此，《最高人民法院关于适用〈中华人民共和国担保法〉若干问题的解释》第六十五条规定："抵押人将已出租的财产抵押的，抵押权实现后，租赁合同在有效期内对抵押物的受让人继续有效。"第六十六条规定："抵押人将已抵押的财产出租的，抵押权实现后，租赁合同对受让人不具有约束力。"本案中房屋抵押在前，租赁在后，因此受让人有权解除原租赁关系。租赁关系解除后，由此造成的损失，如果出租人在出租时告知了承租人，则由承租人自行承担，如未告知，则由出租人承担损失。

在本案中，确定租赁合同是抵押设立前已经签署，还是抵押设立后签署成为一个难点，尽管银行在抵押设立之初进行尽职调查时，抵押人没有披露租赁合同的存在，但在行权时，承租人往往可以拿出签署在抵押设立之前的租赁协议。这时，确定租赁合同的真伪以及查明租金是否真实支付便成为争议的焦点，也是整个案件的难点。

四、启示和建议

（一）法律文件中对于义务人送达地点的约定

送达难是影响金融机构行权效率的老大难问题。本案中，银行在保证合同中没有约定送达地址，导致保证人失联后，只能采用公告送达方式，漫长的公告送达导致银行实现债权的效率降低。为了避免此类风险，根据目前法院认可合同当事人在合同中约定发生纠纷时相关文件及法律文书的送达地址的规定，金融机构应当在合同中对此作出约定。约定的内容应当包括：

1.明确约定民商事合同中各类通知、协议等文件，以及就发生纠纷时相关文件及法律文书的送达地址，明确约定合同中独立存在的有关送达地址和争议解决方式。

2.建议条款明确约定送达地址的适用范围，包括非诉阶段和争议进入仲裁、诉讼程序后的一审、二审、再审和执行程序。

3.建议合同条款约定当事人送达地址需要变更时的通知程序。

4.建议合同条款提示以下法律后果，因当事人提供或者确认的送达地址不准确、送达地址变更后未及时依程序告知对方和法院、当事人或指定的接收人拒绝签收等，导致法律文书未能被当事人实际接收的，通过邮寄送达的，以文书退回之日视为送达之日；直接送达的，送达人当场在送达回证上记明情况之日视为送达之日。

5.建议该条款以明确醒目的方式进行特别提示（条款字体加粗），对于上述当事人在合同中明确约定的送达地址，法院进行送达时可直接邮寄送达，即使被告未能收到法院邮寄送达的文书，由于其在合同中的约定，也应当视为送达。

6.建议根据《民事诉讼法》第八十七条的规定，经受送达人同意，人民法院可以采用传真、电子邮件等能够确认其收悉的方式送达法律文书，但判决书、裁定书、调解书除外。实践中，当事人在合同条款中明确约定采用传真、电子邮箱、移动通信等能够确认其收悉的方式送达，满足上述地址送达条件，应当产生上述地址送达的同样法律效果。采用电子通信方式送达的，送达人员应当保留相应的备份材料及相关的视频截图。

7.建议约定送达地址确认的当事人，包括合同相对方及担保人等，在合同约定送达地址时应与各方当事人均签订该条款。

（二）建议相关部门出台租赁强制登记制度

最高人民法院在《关于适用〈中华人民共和国担保法〉若干问题的解释》中对上述规定进行了扩充。第六十五条规定："抵押人将已出租的财产抵押的，抵押权实现后，租赁合同在有效期内对抵押物的受让人继续有效。"第六十六条规定："抵押人将已抵押的财产出租的，抵押权实现后，租赁合同对受让人不具有约束力。"2006年颁布的《物权法》第一百九十条规定："订立抵押合同前抵押财产已出租的，原租赁关系不受该抵押权的影响。抵押权设立后抵押财产出租的，该租赁关系不得对抗已登记的抵押权。"

从我国立法表述来看，在先租赁权似乎可以无条件地对抗后设抵押权，然而租赁权伴随着租赁合同的生效而成立，并不需要其他特别的成立要件，但租赁权是设立物权的债权，可以产生对抗第三人的效力。不仅如此，即便租赁权在抵押权之后设立，抵押人仍可与承租人恶意串通，提前租赁权的设立时间以侵害抵押权人的正当权益。因此，为了防止善意抵押权人的利益和社会交易安全遭遇不测之损害，有必要建立租赁权公示制度，规定未公示的租赁权即使有效成立，也不具备对抗包括抵押权人在内的第三人的效力。

那么，租赁权的公示方法又应如何确定呢？权利的公示方法有两种：占有和登记。对于第三方而言，最简便、最有效的公示方法当然是租赁登记，若在先租赁权办理了登记，则不动产抵押权人可以查询登记簿，获悉抵押物已被出租的情况，租赁权具备对抗抵押权的效力；若在先租赁权未办理登记，则抵押权人不能通过查询登记簿的方式了解抵押物已被出租的事实，租赁权不应对抗抵押权。相比之下，占有的公示方式对于市场交易安全的查询成本要求更高，抵押权人在设立抵押权时，需要实地查看抵押不动产，并据此发现该抵押物上的租赁权。姑且不论实地查看并非抵押权人的法定义务，即便抵押权人实地查看，也未必能查出抵押物上的租赁权，更何况在有些情况下，抵押人出于恶意，能够虚构租赁协议或者提前租赁协议的签订时间。因此，相比之下，不动产租赁权仅以占有作为公示方法，不足以保护市场上的交易安全和效率。

我国《城市房屋租赁管理办法》第十三条、《土地登记规则》第三十条均规定了不动产租赁合同的登记备案制度，立法机关可考虑将备案登记上升为不动产租赁权的公示方法，赋予其对抗第三人的效力。一旦不动产租赁权的登记对抗制度得以建立，则抵押权人完全可以提前查询登记，避免在已出租的不动产上设立抵押权，或者在设立抵押权时将抵押不动产上的租赁负担纳入抵押物价格计算之内，金融机构的权利可以得到更好的保障。

（作者：普陀农商银行　朱婷）

【编审点评】

本案的维权难点之一是抵押房屋的租赁权优先地位，以及房屋租金已经全部支付给抵押人的事实，使得抵押权人事实上难以处置抵押房屋。

我国法律有"买卖、抵押不破租赁"的规定，但这一规定仅适用于租赁合同先于抵押设立前已经成立，至于如何认定租赁合同的订立时间，法律只要求审查租赁合同本身的记录，没有规定任何其他第三方认可的记录。这就给不诚信的债务人以可乘之机，银行在放贷之前对抵押的房地产调查时，并不存在租赁权事宜，在执行中却有承租人以租赁权对抗，还能提供相应的付款凭证，且租赁时间长，租金已全部支付给出租人。目前的状况既为银行在放贷前对于抵押品的租赁状况进行尽职调查提出了更高的要求，也为法院认定租赁合同的真伪提出了挑战。

法院在认定租赁合同真实的签订时间时，应当考虑该合同下的租金是否计入公司的正规账目，是否已经完税。公司无故将该笔收入隐瞒，即说明租赁合同的真实性存在可疑之处。一般银行都要求借款人提供公司账目，如果租金正规入账，银行应当据此发现抵押房屋已经出租。其次，法院应当审查承租人支付房租的证据，例如银行付款收据等，对于已经发生的支付凭证通常很难伪造作假。

鉴于租赁权是基于租赁合同产生的对租赁物占有、使用和收益的权利，其本质虽属债权，但依据《中华人民共和国合同法》第二百二十九条所规定的"买卖不破租赁"规则，租赁权要取得物权的对抗效力需要公示。因此，为了防止善意抵押权人的利益和社会交易安全遭遇不测之损害，有必要建立租赁权公示制度，规定未公示的租赁权即使能有效成立，但不具备对抗包括抵押权人在内的第三人的效力。我国《城市房屋租赁管理办法》第十三条、《土地登记规则》第三十条均规定了不动产租赁合同的登记备案制度，立法机关可考虑将备案登记上升为不动产租赁权的公示方法，赋予其对抗第三人的效力。一旦不动产租赁权的登记对抗制度得以建立，则抵押权人完全可以提前查询登记，以避免在已出租的不动产上设立抵押权，或者在设立抵押权时将抵押不动产上的租赁负担纳入抵押物价格计算之内，金融机构的权利可以得到更好的保障。

维权案件的送达程序也常常由于找不到借款人、保证人而被拖延，送达难是影响金融机构行权效率的老大难问题。本案中银行在保证合同中没有约定送达地址，导致保证人失联后，只能采用公告送达方式，漫长的公告送达期导致银行实现债权的效率降低。为了避免此类风险，根据目前最高人民法院《关于进一步加强民事送达工作意见》的规定，合同当事人可以在合同中约定发生纠纷时相关文件及法律文书的送达地址，金融机构应当在贷款合同和担保合同中对送达地址和方式做出详细约定，并且提示法律后果。

（点评人：渣打银行（中国）有限公司法律部　鲁葵）

案例 16　某信用社贷款纠纷案

【案情摘要】在国家涉农贷款利好政策不断出台的背景下，各家银行积极响应国家号召，相继推出多种涉农贷款产品，涉农贷款的风险防范工作也就更显重要，因此，某庄乡财政所案例在涉农贷款风险控制上具有非常好的借鉴意义。

一、基本案情

合阳县地处关中平原东北部，是典型的渭北旱作农业大县，从1997 年至 2019 年一直属国家级贫困县和新一轮国家扶贫开发重点县，总面积 1437 平方公里，耕地面积 93.2 万亩。

早在 20 多年前，合阳县委、县政府为进一步加快县域经济发展，加大产业结构调整力度，大力发展果、畜等新型产业，全县以苹果为主的果业种植面积大幅增加。到 1995 年年末，果业收入成为农民收入的主渠道，农业特产税收入一度成为县财政收入的主要来源。

1996 年 12 月，某庄乡政府通过召开会议、下发通知、约见谈话等多种形式，要求信用社积极配合乡镇工作，协助完成县政府分配的税收任务。当时的某庄乡财政所以上缴农业特产税为由向某庄信用社申请贷款 13 万元，双方约定期限 3 个月，担保人为财政所会计杨某，双方签订了借款合同，贷款发放后用以完成特产税任务。贷款发放后，由于受市场因素影响，果品价格大幅下滑，果农收入大幅减少，农业特产税征收难度不断加大，还款资金来源明显出现问题。贷款到期后，某庄信用社信贷人员多次到某庄财政所催收，协商还款事宜，该财政所以特产税正在收缴等理由推拖还款，虽经多次催收，此笔贷款依然未能收回，形成不良贷款。

二、维权措施

由于信用社主任、信贷人员及财政所人员多次调整，尽管信用社信贷人员从未放弃贷款催收，但财政所对此笔贷款债务由认债认还，到扯皮推诿，再到后来宣称此笔贷款用于缴纳农业特产税，已上缴孟庄乡政府，应由乡政府偿还。2001年县政府根据上级有关精神，在全县范围实施撤乡并镇，撤销某庄乡，并入某井镇，原某庄财政所并入某井财政所，造成债务悬空。

面对如此困局，为保全资产，某庄信用社于2002年3月向合阳县人民法院提起诉讼，要求某庄乡财政所偿还借款本金13万元及利息。合阳县人民法院开庭审理了此笔借贷纠纷案件，审理认为：依据《贷款通则》规定，某庄财政所不具备借款人资格，故双方签订的借款合同无效，但借款事实成立，应当返还贷款本金，双方约定的利率违反法律规定，应予追缴，并出具陕西省合阳县人民法院民事判决书，判决某井财政所（撤乡并镇后某庄财政所并入某井财政所）偿还借款本金13万元。由于撤乡并镇、财政所合并、人员变动等诸多因素影响，案件执行遇到重重阻力，多次执行未果，仅将原某庄财政所的一栋二层楼房保全，一方面继续由执行庭督促某井财政所筹集资金偿还贷款本金，另一方面处理财产后归还贷款本金。撤乡并镇后，原某庄乡企事业单位纷纷搬走，不少个体工商户也纷纷迁址到某井镇街道，某庄街道一片萧条，财政所房产一直难以变现，导致案件中止执行，形成积案。但清收管理人员一直密切关注案件保全资产的情况，2014年，通过深入调查发现保全资产已经租赁给个体户做生意使用，租金上缴某井财政所，清收管理人员意识到此笔贷款有了很大的清收潜力。

随后清收管理人员和相关人员一道研究制订周密的清收方案：首先与县法院联系配合执行，其次由信用社和当地村委会联系协商房产处理相关事项。为此，清收管理人员先后多次到县财政局、某井财政所、县法院执行庭、路井法庭，联系协商沟通情况，最后县财政局同意由县法院调解，变卖原某庄财政所房产，所得资金用于归还贷款。在某庄村委会协调下，经过多次做工作，村民王某同意以15.1万元购买原某庄财政所房产。至此，这起历经13年的积案终于得到清理，划上了既沉重又惊喜的句号。

三、案件分析

（一）难点

1.借款主体还款意愿较低，守法意识较差。不良贷款的发生，往往与借款主体的还款意愿丧失密切相关。某庄乡财政所虽为名义上的借款主体，但结合其特点，该所的负责人员实际代表着该所的行事意愿。作为基层一级政府派出机构，为了完成税收任务而进行贷款，已经充分说明其相关负责人员缺乏基本的责任意识和守法合规意识。而贷款之后的拖延推诿、还款意愿丧失，更是此笔贷款逾期并拖欠多年的主要原因。

2.行政隶属调整造成还款义务主体无法有效落实。任何一笔不良贷款，都有其特定的还款义务主体，但由于此笔贷款发生后，遇到地方行政隶属调整，造成贷款的还款义务主体被撤并，发生债务悬空，这是此笔不良贷款被迫拖延日久的重要原因。行政隶属的调整，涉及多方面事宜，被撤并机构的债务认定，也需要相应工作程序重新梳理。再加上贷款发生至机构撤并之时，已经近五年时间，如此较长年限的债务识别，自然需要专门的程序和流程，这也不可避免地对信用社贷款的还款义务主体认定造成推延。

3. 掌控资产变现难度大。尽管在诉讼过程中，信用社掌握并保全了相应房产，但该房产属于政府派出机构的房产，对这类房产的处置，存在较为复杂的程序和环节，需要经过多个部门的审批同意，操作难度可想而知。另外，该房产所在区域的经济环境发生改变，也增加了房产变现的难度。两方面因素综合在一起，直接形成对该房产价值实现的阻碍，因而出现虽有保全资产却无法变现获偿的尴尬局面。

（二）风险点

1. 借款主体资格存在法律瑕疵。借款主体某庄乡财政所不具备借款人资格，故双方签订的借款合同无效，法院判决仅认定借款事实成立，不支持信用社主张利息的诉求。案件当事人双方均处于不稳定状态，2001年县政府根据上级有关精神，在全县范围实施撤乡并镇，撤销某庄乡并入某井镇，原某庄财政所并入某井财政所，造成债务悬空。

2. 担保流于形式。该笔贷款仅以该财政所的会计人员作为担保，明显流于形式，即便担保责任落实到该人员，也存在很大无法收回的可能性。该人员是财政所的工作人员，财政所的负责人都丧失了还款意愿，其工作人员更不存在情理上的归还意愿。因此，此笔贷款虽有担保，却实无担保，在借款主体不归还贷款时，担保人亦未能真正发挥其应有的代偿作用。

3. 贷款发生及使用明显不合理不合规。合规经营、依法放贷是金融机构开展业务的基本原则，此笔贷款尽管与支农有所关联，但实际并无直接关系，财政所申请贷款用于完成缴税任务，并不符合贷款用途的相关规定。此笔贷款从一开始申请就存在诸多不合理之处，后续贷款的实际发生，更是在不合理之上增加了不合规，这也为贷款逾期无法收回埋下隐患。

四、启示和建议

（一）坚持依法合规经营是防控案件的基础

农村信用社所有业务经营活动只有严格遵守国家金融法律、法规和行业自律规则，才能依法受到保护，信用社的财产安全才会有保障。如果某庄信用社能够坚持信贷原则、政策和管理制度，严格依规、依程序办理业务，不向不具备贷款资格的乡镇财政所发放贷款，就不会出现这笔长达 13 年之久难以收回的贷款。

（二）坚持贷款催收和资产保全是贷款清收的基本前提

强烈的责任心是此案件能得以圆满结案的一个重要原因，从 2002 年至 2015 年，信用社体制多次变革，但每任信用社主任、联社领导都没有放弃过对这笔贷款的追索，并有效保全资产，为贷款清收奠定了坚实的基础。

（三）牢固树立责任意识和担当意识是攻坚克难的重要法宝

大事要事看担当，只有牢固树立强烈的担当意识和责任意识，不断拓宽清收思路，创新清收方法，才能不断克难攻坚、破解难题，收到意想不到的效果。此笔贷款的最终收回给银行涉农贷款的发放以及清收管理以很好启迪。

（作者：渭南市合阳信用联社）

【编审点评】

商业银行信贷资金是国家扶持农业经济发展的重要力量，来源于人民，服务于发展。任何一笔信贷资金的投放，都应当始终牢记资金使用要合法、合规。尽管本案最终得以圆满解决，但其中存在的瑕疵和问题，却发人深思。

不合规的资金用途，不合法的贷款主体，流于形式的担保，这是本案信贷资金多年无法收回的根本原因。本案是较为典型的因违规放贷而导致资金无法收回的案例，充分反映了信贷从业人员在信贷审批和调查环节，不能依法依规履行职责所带来的严重后果。

本案所涉资金的收回，得益于从业人员的责任意识和坚持努力，但关键在于司法审理环节对于案情的审时度势和准确客观把握，以及最终审判结论的公正、适当，这才为后续的财产追索清偿提供了坚实的基础。判定借款事实成立，仅是法律基于客观原则对于实际发生事实的保护，并不能掩盖本案所存在的不合规问题，作为信贷机构未能尽到应有的审慎义务，仍旧是本案之所以发生的根本原因。

"前事不忘，后事之师"，只有深刻理解曾经的教训，充分汲取其中的经验，才能真正实现信贷风控管理水平的有效提升。曾经发生的案例，其最大的借鉴意义并不在于资产保全，而在于案例所揭示的问题和疏漏能否在当下的管理中被充分认知并纠正防范。

（点评人：北京银行股份有限公司　程建梅）

案例 17　某企业利用资产重组逃废债务案

【案情摘要】党的十九大对深化国有企业改革做出新的重大战略部署，这是对新时代国有企业发展的新号召、新要求、新指引。目前国有企业改革进入攻坚期和深水区，随着"三去一降一补"政策的深入推进，部分国有企业在改革的浪潮中面临淘汰，个别国有企业股东利用转移资金、处置优质资产、操纵下属企业上市股权等手段，逃废银行债务。本案中的债权人银行群策群力，在中国银行业协会的组织下，成立债权人委员会，开展集体维权，开创了国内债权人委员会维权制度的先河。

一、基本案情

ZY 纸业集团公司（以下简称"ZY 纸业"）是某科工集团有限公司（以下简称"KG 集团"）的全资子公司。2012 年下半年，由国资委牵头运作 KG 集团和 CT 控股集团有限公司（以下简称"CT 集团"）资产重组的相关事宜。2013 年 2 月 28 日 KG 集团与 CT 集团签订了《划转协议》，将 ZY 纸业及其子公司整体无偿划转至 CT 集团，并于 3 月 5 日取得编号为国资改革〔2013〕××号的国资委批复。划转时 ZY 纸业及其子公司带息负债合计 145 亿元，涉及债权银行 29 家，金融租赁公司 4 家。划转前以上债务本息均未发生过任何逾期，ZY 纸业履约记录良好。国资委在批复中明确指示 CT 集团要"认真清理债权债务，加强与债权人的沟通，切实推进内部资源整合和资产重组，推动企业实现健康持续发展"。

但是，CT 集团在接收中冶纸业后，从未正面与任何一家债权银行就债务问题进行沟通，后来 ZY 纸业停止一切正常还款行为，致使划转前已明确列入计划的提前还款或正常还款的贷款陆续逾期。CT 集团还通过转移注资、内部股权及债权调整、抽离流动资金等方式，有计划、有步骤地控制了 ZY 纸业绝大部分有效资产，使 ZY 纸业偿债能力持续下降并濒临破产。

CT 集团利用原本要注入 ZY 纸业用于支持其偿债和经营的 48 亿元货币资金，以出资注册独立的第三方公司（兴 CW 公司）的形式游离于 ZY 纸业体外，转移 ZY 纸业有效偿债资金。

CT 集团利用从 KG 集团无偿受让的对 ZY 纸业的债权和与 ZY 纸业母子公司关系的便利条件，与 ZY 纸业签订了公证债权文书，质押了 ZY 纸业持有下属上市公司 ML 股份的部分流通股权，并向北京市第二中级人民法院申请冻结了 ZY 纸业旗下所有有价资产，包括子公司股权、股票和固定资产等，执行标的 6 亿元。通过法院执行掏空有效资产，使债权银行无法通过正常的司法诉讼实现债权受偿。

CT 集团指令 ZY 纸业下属上市公司 ML 股份向兴 CW 公司非公开定向增发 145000 万股股票，认购后兴 CW 公司将持有 ML 股份 31.4% 股权，而 ZY 纸业所持股权由 26.91% 降至 18.46%，使 ZY 纸业丧失控股股东地位，并指令 ZY 纸业把 ML 股份的 9.1 亿元债权转让给兴 CW 公司，进一步掏空 ZY 纸业有效资产。

CT 集团指令 ZY 纸业下属经营最好的优质全资子公司 ZY 纸业 YH 有限公司转移货币资金，逃避银行债务，拖欠供应商货款，造成工厂停工，公司经营一片混乱。

在 CT 集团的运作下，随着有效资产的陆续转移，ZY 纸业已逐渐变成一家无任何实际资产的空壳公司，本身已经丧失还款能力，ZY 纸业的全部管理层均为 CT 集团派驻，无还款意愿。

二、维权措施

组织成立债权人委员会，多方协调债权人、国资委、监管机构和地方政府开展维权工作。2013 年 3 月，在与 ZY 纸业商谈还款事宜无果的情况下，北京银行在贷款到期之后，将 ZY 纸业起诉至北京市西城区人民法院。经法院一审审理，北京银行获得胜诉，并查封及轮候查封了企业的部分资产。随后，ZY 纸业的债务陆续在各债权银行违约。由于 ZY 纸业不良贷款涉及债权银行较多，金额巨大，社会影响大，单家银行无法单独实现债权。2013 年 7 月，在北京市银行业协会的组织下，各债权银行组成了由中国银行业协会牵头的 ZY 纸业集团金融机构债权人委员会。2013 年 10 月 28 日，国资委、原银监会、CT 集团、ZY 纸业、地方政府和 21 家债权银行共同召开"中国银监会 ZY 纸业债权银行六方座谈会"（以下简称"六方座谈"），宣告 ZY 纸业集团金融机构债权人委员会成立。其后委员会多次就债权的解决方案与 ZY 纸业、CT 集团等相关方面进行磋商，原银监会也就该问题会同相关政府部门进行多次协调。

通过中国银行业协会联合各地银行业协会采取统一行动，推进维权工作。2013 年 12 月，北京银行业协会召开第六届理事会第十六次会议，会议专门就 ZY 纸业、CT 集团及兴 CW 公司的债务问题进行了讨论表决。参会会员单位一致同意对 ZY 纸业及兴 CW 公司开展维权行动，并采取议案所提及的全部六项措施（内部通报、公开曝光、停办融资、停开新账户、停止已开账户对外支付、联合中国银行业协会及全国各地银行业协会共同维权）。对于 CT 集团，经投票表决，先期采取"内部通报、停办融资、停开新账户"的维权措施。

通过债权人委员会最终促成债务重组，在一定程度上化解了债务损失。在原银监会的指导及帮助下，经过两年多的艰苦努力，ZY 纸业债务重组工作持续推进，2013 年 10 月 28 日召开"六方座谈"后，债权人委员会主席行组织 CT 集团、ZY 纸业召开 20 多次专题会，建立了债权人委员会和 ZY 纸业的对接机制。2014 年 5 月，经过债权人委员会全体成员会议表决同意，各债权机构签署了《ZY 纸业集团金融机构债权人协议》，并建立了委员会工作规则。农业银行与民生银行多次组织委员会主席团会议，与各主席银行进行沟通，并及时向原银监会法规部汇报工作最新进展情况。2016 年 1 月 18 日，原银监会办公厅复函委员会，原则上同意了委员会制订的债务重组框架协议及重组方案。随后各家银行积极推动重组协议的签订和债务重组落实工作，截至 2017 年 6 月底，各债权银行基本完成了债务重组工作。

三、案件分析

（一）难点

面对大型国有企业重组整合的行政行为，银行作为债权人处于被动地位，传统处置措施无法起到实质作用。

在国有企业改革过程中，大型国有企业将进行重组整合，特别是面对国有企业股权无偿划转与市场化处置债务的矛盾时，银行的处置措施显得有些无力。本案中，ZY 纸业的无偿划转是由国资委主导的大型央企重组整合，是做大做强央企主营业务的实际行动，完全是一种行政行为。然而资产无偿划转给 CT 集团以后，CT 集团却多次对银行强调贷款属市场化行为，企业将按照市场化运作方式操作。一方面是行政划转，一方面是市场化运作，银行作为债权人，在面对上述矛盾时，传统的不良资产处置措施均无法应用到此类案例中，或无法取得较好的效果。

（二）风险点

1. 国有企业利用重组、兼并、改制等手段逃废银行债务，会造成恶劣的社会影响，破坏整体社会信用体系。信用是现代市场经济的生命，近 10 年来，近百家央企被重组兼并，央企全资子公司也进行了改制，涉及金融债权数额巨大，社会影响面广。个别国有企业的恶意逃废债行为，一方面损害其自身的商业信用，影响企业正常的生产经营和资金正常周转，容易形成"三角债"，破坏正常的市场经济秩序。另一方面会受到其他债权人的抵制、制裁、诉讼，经营环境更加恶化，生存空间更加有限，最终将被市场淘汰。近期，一些大型央企出现巨额亏损，如果此次 CT 集团成功逃废银行债务，相关部门置之不理，后期会有更多央企效仿，将会破坏整个社会的信用体系。

2. 金融机构与国有企业之间的信息不对称，造成债权人无法及时识别风险信号和采取保全措施。金融机构和借款企业之间存在着严重的信息不对称，这点在国有企业改革过程中尤其明显。本案中，国资委重组 ZY 纸业是行政行为，各债权银行无法通过正常的贷后管理手段获得有效信息，只能在企业已经完成划转、企业资产已被转移、出现债务违约时才发现风险信号，但此时采取处置措施已是亡羊补牢。

四、启示和建议

（一）建立集体维权机制，充分发挥金融行业整体合力

打击逃废银行债务行为，维护银行债权是一项系统性工程，仅仅依靠一家金融机构孤军作战，则难以奏效，需要包括企业、其他金融机构、司法机关，特别是地方政府的共同参与，互相支持，才能取得更好的效果。成立债权人委员会，建立债权人委员会工作机制，通过集体维权的方式，取得监管机构和地方政府的重视和支持，方能取得较好的清收处置效果。

（二）通过债权人会议建立债权人委员会工作机制，约束和规范各方行为

在债权金额大，债权银行较多的情况下，各家银行出于自身利益，很多问题会难以协商取得一致，因此建立债权人委员会工作机制，确定组织保障、工作原则，组建运行协调机构，明确各成员单位工作职责及分工、工作计划和推进进程等内容，建立联络和协调机制，有序推动债权人委员会的工作，共同化解债务风险。

（三）多方协调国有资产管理机构、监管机构和地方政府开展维权工作

在国有企业特别是央企作为债务人时，银行单方面维权的力量比较薄弱，各银行即使成立债权人委员会也无法取得有力的推动效果。在此情况下，可由债权人委员会出面，协调国有资产管理机构、监管机构和地方政府，通过召开协调会、请示报告工作等方式，共同参与到债务解决过程中，对于解决国有企业的债务问题能够起到有力的推动作用。

【编审点评】

国有企业改革是中央实施做大做强国有企业方针的重大战略部署，推进国有企业改革，有利于国有资本保值增值，有利于提高国有经济核心竞争力，有利于放大国有资本功能。然而，在改革进入深水区，不断向前推进的过程中，部分国有企业逃废银行债务的现象却逐渐增多，逃废债务方式也不断升级翻新，对推动金融改革、稳定金融秩序、规范信贷投放产生了诸多不利影响。在改革过程中，个别企业通过转型改制、破产重组、分立、合并、擅自虚构合同、虚假诉讼、擅自为他人提供担保等多种形式侵害金融债权，逃废银行债务。在此过程中，国有企业管理机构也要承担责任，如果不重视银行利益，甚至对企业逃废债务监管不到位，必将破坏整体金融秩序。

本案中，国有企业管理机构未经与债权人沟通，单方面确定企业资产重组方案，将企业无偿划转。划转后，企业通过转移注册资金、调整内部股权、抽离流动资金等方式，转移有效资产，使企业完全丧失偿债能力，造成银行债权悬空。最终，在中国银行业协会的牵头组织下成立了债权人委员会，通过与监管机构、债务相关人、地方政府等多次沟通协周，债权得到了妥善维护。

本案为金融机构处置国有企业不良资产提供了有效的解决途径，具有典型的借鉴意义。在国有企业改革的大潮中，金融机构可以通过组建债权人委员会这一维权手段，加强金融债权管理，有效处置不良资产，切实维护金融债权。

（点评人：北京农商银行　王丽丽）

案例 18　楚雄 YB 建筑安装工程有限责任公司破产逃废债务案

【案情摘要】受实体经济"三期叠加"、经济结构调整和产业转型升级等多重因素影响，部分企业因经营管理不善，无力偿还银行贷款，甚至在银行起诉主张债权期间，企图利用破产逃废银行债务。云南省某银行通过法律手段保全债权，阻止债务人破产申请，打击债务企业逃废债务。本案是一起典型的利用破产逃废银行债务的案例，经过银行与法院有效沟通，并协调法院组织召开听证会，成功阻止了债务人破产逃债企图，银行取得胜诉并进入执行程序。

一、基本案情

2015 年 4 月 2 日，云南省某银行向楚雄 YB 建筑安装工程有限责任公司（以下简称"YB 公司"）发放贷款 1400 万元，期限为 12 个月，由法定代表人林某民及其配偶胡某梅提供自有房地产作为贷款抵押物。后来，YB 公司因经营管理不善，对外欠债过多，资金缺口巨大，处于停业状态，于 2015 年 9 月起出现违约。贷款出现风险后，云南省某银行于 2016 年 2 月 2 日向楚雄州中级人民法院提起诉讼。YB 公司法定代表人林某民及配偶胡某梅为拖延时间，为银行收回贷款设置障碍，故意失联，导致法院只能通过公告送达应诉通知和开庭传票。2016 年 3 月，在得知云南省某银行已将公司起诉到法院后，林某民和胡某梅委托律师向法院提出破产申请，企图借此方式来逃避银行债务。2016年4月，法院裁定不受理YB公司破产申请。2016年6月，云南省某银行诉YB公司金融借款纠纷案一审开庭审理，远标公司无人出庭，也未委托代理人出庭，法庭按照诉讼程序对案件进行审理。2016年6月28日，法院依法对该案进行宣判，云南省某银行一审胜诉。7月13日，法院公告送达民事判决书。公告送达期和履行期结束后，云南省某银行于2016年10月10日向法院申请强制执行，法院于当日立案。由于YB公司无人管理，所有法律文书均需公告送达，因此执行程序进度缓慢。

二、维权措施

债权人银行及时向法院阐明债务人逃废债务意图，并及时采取法律保全措施。面对借款人企图逃废债的严峻形势，银行及时讨论研究对策，并将YB公司相关情况报送至法院，阐明YB公司逃废银行债务的意图。同时，针对YB公司的贷款抵押物以及相关资产，向法院申请诉讼保全，办理了查封手续。

债权人银行与法院主动沟通协调，促成法院召开破产立案听证会。得知YB公司的破产申请后，云南省某银行立即采取行动，及时找到法院主办YB公司破产申请的法官，详细阐述YB公司的贷款情况，指出YB公司申请破产其实是想逃废银行债务。主办法官了解情况后，于2016年4月5日组织召开了针对YB公司破产申请是否立案的听证会，到会人员包括YB公司代理律师及20多家债权人，对YB公司破产申请是否立案表达意见。参会债权人一致表示不同意YB公司破产申请立案，指出破产是林某民夫妇企图逃废债务的手段，要求代理律师让林某民夫妇出面解决债务纠纷问题。法院对双方的意见进行了审慎研究，最终裁定不受理YB公司破产申请。至此，YB公司通过申请破产程序逃废银行债务的企图未能得逞。

三、案件分析

（一）难点

《企业破产法》第二十条规定："人民法院受理破产申请后，已经开始而尚未终结的有关债务人的民事诉讼或者仲裁应当中止；在管理人接管债务人的财产后，该诉讼或者仲裁继续进行。"如果法院受理YB公司提出的破产申请，云南省某银行诉远标公司一案将要中止审理，同时债务人的财产将由法院指定的管理人管理，银行收回该笔贷款的时间将延长二至三年，收回难度将进一步加大。

根据《最高人民法院关于审理企业破产案件若干问题的规定》第十二条第一款，"人民法院经审查发现有下列情况的，破产申请不予受理：（一）债务人有隐匿、转移财产等行为，为了逃避债务而申请破产的……"经银行与法院积极沟通，及时指出债务人逃债意图并援引上述司法解释，推动法院组织召开听证会，法院最终听取了债权人的意见，裁定不受理远标公司破产申请。

（二）风险点

1. 债务人利用合法手段达到逃废债务的不良企图。近年来，随着银行不良贷款的增加，恶意逃废银行债务的情况不断上升蔓延，债务人企图利用转移资产、破产、重组削债等合法手段，达到逃废或减轻银行债务的不良企图。本案中的YB公司就是在银行起诉后，企图利用破产这种合法手段来逃废债务。

2.债务人多头开户，银行无法掌握其资金情况。YB公司以多头开户方式逃废银行债务，银行无法掌控其真实的资金流向，以致贷款发生风险后，未能有效掌控其资金账户以及相关财产线索。

3.借款人失联导致抵押物处置出现障碍。本案中的抵押物虽已办理过抵押登记，但由于林某民夫妇故意失联，逃避债务，使得抵押物变现陷入困境，唯有通过司法诉讼的方式才能处置，但诉讼耗时耗力，为清收处置贷款带来很大的障碍。

四、启示和建议

（一）对于债务人以逃废债务为目的的破产申请，银行应坚决利用法律手段予以制止，维护自身合法权益

根据《最高人民法院关于审理企业破产案件若干问题的规定》第十二条第一款，"人民法院经审查发现有下列情况的，破产申请不予受理：（一）债务人有隐匿、转移财产等行为，为了逃避债务而申请破产的……"对于债务人恶意申请破产的行为，银行可援引上述法律规定，要求法院不予受理其破产申请，维护合法的金融债权。

（二）争取司法支持是成功化解逃废银行债务行为的有力保障

本案中，云南省某银行通过积极协调法院，尽力争取法院的理解和支持，最大限度地保护自身合法债权不受侵犯。法院依法公正裁判，用法律震慑恶意逃废银行债务的行为，是此次成功破解YB公司借助破产实现逃债企图的关键保障。

（三）主动出击是成功阻止逃废债务行为得逞的必然要求

面对不良贷款处置过程中遇到的困难，决不可知难而退，消极

等待，必须转变思路，迎难而上，认真分析清收不良贷款中出现的各种有利因素和不利因素，克服重重困难，积极采取各种措施，努力将贷款清收处置过程中遇到的风险降到最低。

（作者：云南省某银行　柳力心）

【编审点评】

破产是为了规范企业经营终止，公平清理债权债务，保护债权人和债务人的一种法律制度。但在企业改革过程中，破产成为一些企业"合法"逃废银行债务的惯用手段，企业进入破产程序后，不论债权大小，只能参与剩余财产分配。实践中，不少债务人将有效资产转移后，企图利用公司清算制度，逃废银行债务，破坏金融生态环境。

本案中，楚雄YB建筑安装工程有限责任公司为逃废银行债务，其法定代表人故意失联，而后"积极"寻求破产清算，借破产之名，行逃债之实。债权银行及时识别企业逃债企图，将相关情况书面告知法院，并多次与法院开展沟通协调，促成法院组织全体债权人召开破产立案听证会，通过听证会及时阻止了YB公司的破产申请行为，为后续债务追偿创造了有利条件。

近年来，此类逃废债务行为已成为部分企业的惯用伎俩，各银行应特别予以警惕。债权银行除借助债权人委员会、法院等外部力量联合维权外，也可通过行使撤销权追偿被转移财产，行使代位权追偿公司债务，对骗贷进行刑事追责等一系列手段维护合法权益，打击逃废银行债务的不法行为。

（点评人：北京农商银行　王丽丽）

案例 19　某银行借助政策及司法支持解决某茶业有限公司逃废银行债务案

【案情摘要】2014 年 8 月，日照某银行股份有限公司五莲支行为五莲县某茶业有限公司办理流动资金贷款 300 万元，用途为茶园建设。经查实，该笔贷款汇入其上游企业账户后几经周转，最终转到实际控制人孙某手中，用于其投资矿山项目，并未用于合同所约定的用途。由于孙某投资失误，未能得到预期收益，导致贷款本金形成不良。2016 年，银行通过联系变卖矿山采矿权、法院诉讼保全、约谈实际控制人制定还款计划、经侦介入等手段全方位催收，最终将变卖矿山采矿权的资金用于偿还逾期贷款本息。在此过程中，当地政府的政策支持和法院、公安经侦部门的快速响应是本次有效打击逃废债的关键。

一、基本案情

五莲县某茶业有限公司位于山东省日照市五莲县街头镇，成立于 2012 年 12 月，由孙某、王某某各出资 20 万元成立，法定代表人王某某，实际控制人孙某。孙某除经营该企业外，还在当地参与投资经营矿山开采、采石加工企业，同时兼任村党支部书记。该企业茶园占地 360 亩，并拥有加工设备数套，主要生产加工绿茶、红茶。该企业于 2013 年在日照某银行办理短期流动资金贷款 200 万元，2014 年贷款到期时，申请增加授信，鉴于企业经营、抵押物状态较好，并且追加有效担保企业，该行在原授信的基础上为其新增100 万元。2014 年新增贷款至 300 万元，贷款用途为购买化肥、农药、大棚钢管、薄膜等，于 2015 年 8 月 19 日到期。在借款期间，企业虽能偿还利息，但每次均有拖延，而且随着消费市场转型升级，茶叶销售受到一定影响，导致该企业经营收入逐渐下滑，还款能力不断下降，最终形成不良。经查实，该企业存在多种逃废债行为。

提供虚假资料。借款人在贷款时提供虚假财务报表、纳税申报表等，与企业实际经营状况不符。

变更贷款用途。该笔贷款汇入其上游企业某工贸有限公司账户后，几经周转最终转入实际控制人孙某手中，孙某将其用于当地矿山及采石加工企业的投资，并未用于合同所约定的用途。

虚构交易背景。该借款人与其提供的上游客户之间无实际业务往来，签订的上游交易合同为虚假合同。

低价出租资产。该公司在未告知银行的情况下，将 295 亩茶园以极低的价格分户承包给当地村民，且承包费归村委会统一收取和管理。

转移个人资产。孙某将其部分资产转移到前妻所生子女名下，同时为二婚妻子购置房产、车辆等资产，并对银行隐瞒相关事实。

该公司上述行为符合日照市人民政府发布的《日照市打击逃废银行债务管理暂行办法》第四条第二款的规定，有"通过非正常的相关交易抽逃资金、转移利润、转移资产、损害银行债权"等行为，构成逃废银行债务行为。

二、维权措施

（一）自主催收

在该笔贷款到期前，银行根据前期的风险识别及预警，及时向借款人及担保人下发催收通知及全部贷款到期通知书，要求其尽快筹集资金偿还本息，并多次联系该公司法人王某某，对其做思想工作，强调违约后果。督促借款人及时办理相关手续，确保抵押物的有效性，同时给借款人施加压力，要求其积极变卖抵押物，以确保有足够资金偿还银行贷款。

（二）诉讼催收

当发现借款人还款意愿发生较大转变时，日照某银行及时到法院提起诉讼，完成财产保全，并与法院共同上门逐个与借款人及担保人现场沟通。在开庭时充分利用庭审技巧，同意与借款人当庭调解，签署调解协议，为下一步尽快实现执行争取主动权，节省时间。

（三）打逃催收

2016 年 7 月，日照某银行将该公司逃废银行债务行为上报至日照市公安局打击逃废债办公室，根据其涉及提供虚假的财务报表与纳税申报表、隐匿账目、擅自处置银行债权的抵押物、损害银行债权、抵押矿山不续费、故意隐瞒真实情况、提供虚假上游合同等行为报案，经侦部门认定银行提供报案材料翔实，证据充足，于 7 月 25 日立案。随后经侦部门将孙某传唤至日照市公安局经侦大队，在强大的司法攻势下，孙某承诺将全力配合。

在诉讼保全、约谈谈判、经侦介入等系列措施的作用下，终于在 2016 年 11 月通过处置抵押物资产变现，现金归还该支行剩余贷款本息。

三、案件分析

（一）难点

1. 追索难。孙某在当地经营企业多年，人际关系较广，信息渠道众多，对银行采取的处置措施早有预防和准备。即使在公安机关传唤的过程中，孙某仍以跟福建投资商协商出售抵押物为由故意拖延时间，并时常不接电话、上门催收不开门等，给维权工作造成了较大困难。

2. 取证难。银行向司法机关报送逃废银行债务的相关资料过程中，根据十类恶意逃废银行债务行为的标准要求，需提供详细的授信业务档案材料、贷后检查及催收记录等情况，落实恶意逃废债务举证要求。对应筛选的情况主要有提供虚假的财务报表与纳税申报表，财务状况失真严重，隐瞒关联交易，故意隐瞒真实情况，提供虚假上下游合同，提供虚假增值税纳税申报表等。根据实际情况，经侦部门主要以虚假上下游合同为突破口实施定案及后续抓捕，实际操作过程中仍存在账务核查烦琐、难以核实等情况。

3. 执行难。为该笔贷款担保的自然人均为当地村民，代偿能力弱，而该笔贷款的抵押物为采矿权，在贷款到期时该采矿权到期并未续费，面临无法处置的风险。银行去国土资源局了解采矿权续办手续及费用后，及时与孙某协商，在其有能力续费的基础上，给予一定时间续办采矿权许可证及抵押登记，在风险缓释措施完善的前提下采取转贷化解，给予其一年的时间通过改善经营化解贷款风险，并要求其归还欠息，但借款人仍以各种理由迟迟不续办采矿权及抵押手续。

（二）风险点

1.借款人不配合查找财产线索，导致逃废债问题不能得到有效解决。被执行人利用自己在当地的人际关系和地利优势，通过各种手段隐藏、转移财产，人为制造执行障碍，增加了寻找财产线索的困难。同时，当地国土资源、房管、工商等部门不积极配合银行工作，人为设置一些查询财产线索的障碍，给财产线索查找带来了很大困难。

2.金融机构与企业之间信息不对称，为防范企业道德风险造成了较大困难。银行和借款企业之间存在着严重的信息不对称，银行对企业的经营状况和实际控制人的道德品质、资产状况很难有全面了解，该案件从贷款前期企业提供虚假报表，再到后期企业实际控制人转移贷款资金、转移企业资产，都充分体现了信息不对称给打击企业逃废债工作带来的困难。

四、启示和建议

（一）加强与地方政府的沟通，有效利用政府政策优势解决逃废债问题

2015年3月，日照市人民政府发布了《日照市打击逃废银行债务管理暂行办法》，建立完善了四项机制，打击逃废银行债务工作取得了初步成果。2016年9月，原山东省人民政府郭树清省长和分管金融工作的夏耕副省长带领省直、省属相关部门和行业监管部门、国有银行及司法部门在日照组织召开了化解日照地区金融风险座谈

会，并陆续出台了化解风险的"工具包"和"政策包"。日照市委、市政府也专门成立了由市委政法委牵头、各司法机关和相关部门参加的"打击逃废银行债务行动指挥部"，在全市掀起了打击逃废银行债务行为的新高潮。日照某银行作为地方城市商业银行，在风险化解和配合打击逃废银行债务活动中先行一步，于2016年4月份主动联系公安机关成立了打击逃废银行债务行动办公室，各项工作走在了同业前列。

（二）充分借助司法机关力量，推进逃废债问题得到有效解决

当发现借款人还款意愿出现较大恶化时，银行应提前做好与法院及刑侦部门的沟通，协调理顺审判及保全流程，加快审理进程，并有效利用司法机关向被执行人施加压力。在该案中，通过日照某银行的有效沟通，法院与银行有效利用送达文书的契机，多次上门逐个对借款人及担保人进行宣传教育，通过司法力量强调其失信行为及后果，多种手段齐用，适当施加压力。同时，由于经侦部门认定银行提供的报案内容翔实，证据充足，对该案件予以立案，且多次约谈公司控制人孙某，要求其尽快筹措资金偿还银行贷款。通过公安机关的坚决态度及逃废事实依据，对其施加压力，使其逐步增强还款意愿。

（三）运用多种手段查找有效财产线索，并及时采取保全措施，确保案件有效执行

日照某银行在打击逃废债过程中，通过各种渠道准确掌握孙某个人及家庭房产、车辆、银行账户等资产信息，通过中介、开发商了解房产、车辆可变现的价值；利用现场催收的机会，以贷后检查为由，对其生产设备逐一拍照留存，回行后对照机器铭牌分别向制造厂家询价，了解目前设备的变现价格，为保全工作做好准备，做到有的放矢。在做好以上工作后，及时提起诉讼并发起保全，指定专人与法院审判庭、执行局对接，采取联合行动，利用一天时间对前期已掌握的企业及实际控制人、担保人的房产、汽车、机器设备及主要银行结算账户全部给予查封保全，不给债务人可乘之机。

（作者：日照银行股份有限公司 许传祥）

【编审点评】

诉讼作为银行在追逃债务过程中最后的手段，却往往面临着时间久、成本高、举证难、执行难等多个困境，甚至有的案件长达十余年才能得到有效解决。法院的生效判决无法执行，被群众戏称为盖着官印的"白条"。为了解决执行难问题，近年来最高人民法院采取了多项举措。2013年，最高人民法院出台相关司法解释，建立了失信被执行人名单库。2014年，最高人民法院联合中央文明办等8个部门共同签署了《"构建诚信、惩戒失信"合作备忘录》，开始对失信人实施联合惩戒，最有效的措施就是限制失信人高消费。为进一步扩大联合惩戒范围，最高人民法院又与国家发改委等44家单位签署了《关于对失信被执行人实施联合惩戒的合作备忘录》，明确了多项联合惩戒措施，联合多部门力量解决执行难题。2016年以来，最高人民法院更是发布了多个关于"执行"的司法解释，执行难问题得到了有效突破。为贯彻党的十九大精神，有效防范金融风险，维护银行业金融机构合法权益，依法惩治逃废银行债务行为，2018年6月中旬，中国银行业协会联合工商银行等41家金融机构，对140家严重失信债务人进行公示，要求被公示债务人及其担保人，从公示之日起，立即按照合同约定，依法依约清偿贷款本息。

本案便是借助地方政府、公安机关等多部门合力解决执行难问题的典型案例，为各商业银行解决执行难问题提供了有益借鉴。希望大家能够加强与司法机关及相关部门的沟通，增强自身维权能力，借助司法及行政力量共同解决执行难题，切实维护金融债权。

（点评人：北京农村商业银行法律事务部　冷月侨）

案例 20 某公司以破产兼并逃废银行债务案

【案情摘要】深圳市某公司于1994年向某银行申请贷款8800万元，保证人为深圳某金行、深圳某钟表公司、某投资发展公司、深圳某珠宝首饰公司、深圳市某科技实业公司共五家下属公司。该笔贷款到期后，借款公司仅归还本金1300万元，拖欠本金7500万元及相应的利息、罚息、复利6120万元。后由于某公司并购了借款人，相应债权债务随之转移，作为本案焦点的某股权纠纷也恰在此时浮出水面，由此引发了一连串的诉讼与纷争。

一、基本案情

该案借款人为深圳某公司（以下简称为D公司），保证人为深圳某金行、深圳某钟表公司、某投资发展公司、深圳某珠宝首饰公司、深圳市某科技实业公司共五家下属公司，某银行于1994年5月18日向D公司发放贷款8800万元。该笔贷款到期后，D公司仅归还本金1300万元，拖欠本金7500万元及相应的利息、罚息、复利6120万元。

1997年1月，D公司与深圳某公司（以下简称E公司）签订了《企业兼并协议》，约定E公司兼并D公司，以其母公司深圳市某国有企业（以下简称F公司）批准兼并方案当月的最后一天作为兼并基准日，而F公司于1997年2月27日做出了《关于同意E公司兼并D公司的批复》。此外，市政府某部门于1997年3月20日给某机构发出了《关于请支持兼并破产工作的函》，要求暂缓将D公司等相关企业进入法律程序。根据相关监管机构的复函，兼得企业可从兼并后第三年开始还款，E公司于1997年9月2日、1998年4月16日发函与某银行协商还贷，但由于双方所开出的条件有差距，不能达成共识，无法达成相应的还贷协议。

二、维权措施

某银行向广东省高级人民法院提起了对E公司的诉讼，要求其代为清偿D公司的债务。

（一）一审再审

1. 深圳市中级人民法院于1997年5月28日就该案作出民事判决，某银行于1999年4月29日向深圳市中级人民法院提出强制执行申请，由于法院对该案不予受理，某银行遂向广东省高级人民法院申请提级执行。

2. 2001年，广东省高级人民法院作出裁定，将原判决指定由广州铁路运输中级法院执行。该法院立案执行后，于2002年1月15日作出相关裁定，追加E公司为被执行人。2002年10月11日，做出E公司在该笔贷款一定本金范围内承担连带保证责任的裁定。

3. 2003年11月29日，广州铁路运输中级法院裁定拍卖E公司所持有的某高尔夫球会的30%股权，拍卖价款所得为6000万元，暂由法院监管。

4. 2004年4月21日，广州铁路运输中级法院裁定上述30%股权转归北京某房地产公司所有，同时解除对该股权的查封。

5. 2008 年 7 月 25 日，深圳市中级人民法院将另案申请执行人 F 公司参与分配的申请书交予广州铁路运输中级法院，申请书中声称 F 公司以股权质押为由，以《股权质押合同》和深圳市中级人民法院民事调解书为依据，主张对该股权享有优先受偿权。2008 年 9 月 26 日，广州铁路运输中级法院向某银行发出该案不予再审的通知，通知称由于案外人 F 公司对股权有质押权的事实经生效法律文书所确认，其对股权拍卖款享有优先受偿权，因此拟将股权拍卖所得款 6000 万元优先分配给 F 公司。

6. 某银行对广州铁路运输中级法院于 2008 年 9 月 26 日所发的通知提出异议，该法院于 2008 年 11 月 24 日作出裁定，驳回了某银行的异议，某银行遂向广东省高级人民法院申请复议。

7. 某银行因 F 公司与 E 公司借款合同纠纷一案，不服深圳市中级人民法院出具的民事调解书，向广东省人民检察院提出申诉。广东省人民检察院于 2009 年 4 月 9 日作出检察建议书，认为深圳市中级人民法院出具的民事调解书违背民事调解合法性原则，违反了财产促使措施的相关法律规定，分割了案外人某银行的合法权益，据此向广东省高级人民法院提出再审的检察建议。

8. 2009 年 4 月 30 日，广东省高级人民法院作出复议裁定，认为将分配方案异议作为一般异议进行审查并赋予当事人提出执行复议的权利不当，裁定撤销广州铁路运输中级法院 2008 年 11 月 24 日所做出的驳回裁定，发回广州铁路运输中级法院重审。

9. 2009 年 5 月 20 日，某银行以案外人身份对深圳市中级人民法院出具的民事调解书向广东省高级人民法院申请再审。2009 年 8 月 21 日，广东省高级人民法院做出民事裁定，认定 E 公司与 F 公司所签订的《股权质押合同》是双方真实意思的表示，合法有效，F 公司对 E 公司所持有的某高尔夫球会 30% 的股权享有合法有效的质押权；在石化公司未能改造还款义务的前提下，F 公司已履行担保义务向银行代偿了 E 公司的欠款，双方债权债务关系明确。而且股权质押在先，冻结在后，E 公司与 F 公司的调解结果为以股权抵债，并没有违反法律的禁止性规定，F 公司对股权依然享有质押权，其债权应得到优先受偿。据此驳回某银行的再审申请。

（二）参与分配

2011 年 5 月，某银行通过参与分配的方式收回执行款 605 万元，该案剩余本金为 5400 万元。

三、案件分析

（一）难点

就该案而言，焦点无疑正是 E 公司与 F 公司所签订的《股权质押合同》及深圳市中级人民法院出具的的民事调解书。

1.股权质押合同

经查明，E 公司为 F 公司全资子公司，2000 年 5 月至 2001 年 7 月间，F 公司为 E 公司 11290 万元银行借款提供了连带责任担保，当时双方表示就 F 公司的担保行为由 E 公司提供反担保。

2001 年 12 月 11 日，E 公司和 F 公司签署了《股权质押合同》，约定 E 公司将其合法持有的某高尔夫球会 30% 的股权质押给 F 公司，作为 F 公司为 E 公司向银行贷款总计 11290 万元提供保证担保的反担保。若 E 公司不能清偿银行债务，导致 F 公司被债权银行追索，F 公司代为偿付了银行债务之后，有权以法定方式自备质押的股权。

该质押合同于 2001 年 12 月 26 日获得深圳市某局的批准，并经深圳市公证处公证，同时已在深圳市工商局备案登记。

2002 年 6 月 22 日，F 公司与 E 公司、深圳某银行上步支行、深圳某银行深圳市分行营业部签订《贷款债务移转协议》，约定 F 公司就银行为 E 公司提供的五笔借款担保，向深圳某银行上步支行履行保证责任，代 E 公司还款 9685 万元，F 公司履行保证责任后享有对 E 公司的追偿权，该款项已于 6 月 28 日由 F 公司代偿完毕。

2. 民事调解书

2002 年 12 月 2 日与 2002 年 12 月 12 日，F 公司先后两次向广州铁路运输中级法院提出异议，请求该院解除对 E 公司持有的某高尔夫球会 30% 股权的冻结措施，并在该股权的执行过程中依法保障优先实现 E 公司的质押权。

在广州铁路运输中级法院对该质押合同的效力进行审查期间，F 公司又以 E 公司为被告向深圳中级人民法院提起民事诉讼，由于 E 公司拒不履行还款责任，已经对其造成了重大财产损失，依据其与 E 公司签订的《股权质押合同》，其有权依法处置某高尔夫球会 30% 股权。在诉讼过程中，E 公司与 F 公司达成就该股权的一系列调解协议，主要内容为 E 公司愿意偿还 F 公司依照保证责任代偿的 9685 万元及利息，以其合法持有的某高尔夫球会 30% 的股权抵偿上述债务，并在该调解书生效之日起五日内完成该股权的过户手续。深圳中级人民法院根据 E 公司与 F 公司达成的和解协议，做出民事调解书，认为当事人双方达成的上述协议，符合有关法律规定，予以确认。

3.案件真相

E 公司与 F 公司的股权质押行为,属于以合法形式掩盖非法目的、恶意串通损害第三人利益的行为,民事调解书确认《股权质押协议》有效,违反合法性原则,侵害第三人权益。

E 公司于 2002 年 1 月向广州铁路运输中级法院提交的《被执行人财产申报表》显示,其财产的主要组成部分,即某高尔夫球会 30% 股权、其对锦州某公司 1500 万元的债权、1267 万元的剩余执行款及账户资金 40 多万元。根据已查明的事实,E 公司对某银行和 F 公司的债务均近亿元,此外还有诸多外债,即在 2001 年 12 月 11 日,E 公司将股权质押给 F 公司时,E 公司已经陷入严重的支付危机。

某银行自 1997 年 9 月就开始向深圳市中级人民法院申请该案强制执行,但该法院以某函内容为据,对执行申请不予受理。后经某银行申请,省高级人民法院于 2001 年 12 月 6 日作出裁定,明确指出不予受理行为构成违法,指令广州铁路运输中级法院执行该案。省高级人民法院指定执行裁定,致使 E 公司短期内将成为被执行人,E 公司即将失去地方政府的政策保护。

母子公司财产有同一性,两者的目的在于自保的反担保,偏离了担保制度保障债务履行的法律意义,属变相财产转移。

从时间上看,E 公司的 5 笔银行借款发生于 2000 年 5 月至 2001 年 6 月,F 公司当即提供了连带担保,但当时 E 公司并未提供反担保。直至 E 公司经省高级人民法院裁定失去政策保护后,E 公司即刻做出反担保,进一步证实质押有转移财产的行为属性。

（二）风险点

1.案件的公正审判存在一定风险，对维权工作形成了较大障碍。深圳市中级人民法院对该案中 E 公司与 F 公司调解事宜进行审理的审判长张某，已因办案中出现严重受贿行为而依法受到了刑事处罚，已收监服刑。对于本案调解协议中明显存在违反法律规定的情形，作为具有多年审判经验的审判长却未予慎重审查，裁定当事人自行达成的调解协议有效，存在办人情案的重大嫌疑，而且本案调解书的形成时间是在张某出现受贿行为之后。

2.司法"失灵"致使银行诉讼"明赢实输"。从实际情况来看，受司法诉讼程序复杂等因素影响，目前涉及企业及个人逃废债务事件的银行大多陷入"赢了官司输了钱"的窘境。首先是司法诉讼的时间过长，对于绝大多数企业及个人逃废银行债务事件而言，如果按照正常的司法程序，从提起诉讼到最终判决下达执行的时间很长。其次是司法拍卖成功率较低，司法拍卖流拍率较高，即使拍卖成功，成交价格也比较低，甚至难以覆盖所担保贷款的本息。

四、启示和建议

（一）加强社会信用体系建设

企业逃废银行债务表面上损害了银行利益，但最终将危害社会的信用基础，影响社会经济和金融秩序的稳定，建议大力加强金融法制建设，使保护银行债权的法律、法规得以有效实施，提高整个社会对保全银行债权重要性和逃废银行债务危险性的认识，全面提升全民的信用意识。通过社会信用体系建议，让企业也提高信用意识，其自身信用等级将直接影响到声誉及融资能力。对于存在不良信用记录的企业，银行等金融机构要严格控制其融资行为，必要时设置一定的准入条件。对恶意逃废金融债务的企业法定代表人重新担任主要负责人的新企业，各金融机构均不得发放贷款。

（二）建立动态信息共享机制

建议由银行业协会或人民银行等部门牵头，通过公开网络平台适时公布诚实守信企业的"红名单"和逃废银行债务企业的"黑名单"，对逃废银行债务行为进行联合制裁。必要时可以公开公布一些预警信息，该平台网络要及时更新，公开透明，方便查询。针对企业逃废银行债务行为，共同采取制裁措施，让这些"黑名单"上的企业在金融领域寸步难行，形成一定的威慑力。

（三）形成系统合力，共同打击逃废债行为

打击逃废银行债务行为，维护银行债权是一项系统性工程，仅仅依靠一家金融机构孤军作战，则难以奏效，其需要包括企业、其他金融机构、司法机关，特别是地方政府的共同参与，互相支持，才能取得更好的效果。为促进市场公平竞争，维护市场正常秩序，保障债权公平有序受偿，有效防止假借破产逃废、悬空债务，需要各级地方政府部门、金融同业机构大力支持和协作。建议加强地方政府的责任认识，支持银行运用法律武器维护债权，杜绝不负责任的地方保护主义现象。

（四）优化逃废债案件审理程序

逃废债案件从申请立案、财产保全、答辩、送达开庭通知、开庭审理、宣判，到执行、评估、拍卖、分配案款等，走完所有流程，处置周期长，程序繁琐。加之实务审判中，因债务人失联、管辖权异议、司法鉴定、二审、再审等不可控因素影响，案件处置进程的推进存在很多困难。建议将银行金融债权债务纠纷与普通民间债权债务纠纷区别对待，在合法合理的范围内就某些司法程序作必要的简化或者整合，有效推动法律保全和判决、执行，最大限度地保障银行权益，弘扬社会正气。

（五）守住司法公正的生命线

司法是维护社会公平正义的最后一道防线，司法公正对社会公平公正具有重要引领作用，司法不公对社会公正具有致命的破坏作用。在全面推进依法治国的战略布局下，科学立法是前提，严格执法是保障，公正司法是生命线。如何让金融机构、人民群众在每一个司法案件中都能感受到公平正义，如何有效保障金融财产安全，牢牢守住司法公正的生命线，将是司法体制改革的重要课题。

（作者：深圳农村商业银行　叶畅）

【编审点评】

企业破产兼并本是通过盘活资产、整合优势，使劣势企业重现生机，恢复正常生产经营及偿债能力的有效手段，也是破解债务危机、维护银行合法债权，使债务人、债权人双方共赢的有效方法。然而通过破产兼并逃废银行债务却成为一种典型形式，在该案件中，一份《企业兼并协议》、一份《股权质押合同》和一份《调解协议书》，最终帮助债务人金蝉脱壳。作为商业银行，一定要对债务人的兼并、重组、分立等重大变化高度关注，事前制定完善的风险防范措施，防止债务人通过以上方式恶意逃废银行债务。

打击逃废银行债务行为，维护银行债权是一项系统性工程，需要包括企业、其他金融机构、司法机关，特别是地方政府的共同参与，互相支持。希望大家吸取该案例中的经验教训，力争取得各级地方政府、司法机关和金融同业的大力支持和协作，促进市场公平竞争，维护市场正常秩序，保障债权公平有序受偿，有效防止假借破产兼并等形式逃废、悬空债务，有效保护金融债权。

（点评人：北京农村商业银行法律事务部　冷月侨）

案例 21   利用编制虚假财务报表等信息逃废银行债务案

【案情摘要】企业逃废银行债务是金融运行体系中的突出问题，它不仅破坏了正常的信用秩序，而且损害了银行的合法权益。在维护银行债权，打击逃废银行债务的过程中，不仅需要银行加强内控审查工作，也需要健全外部机制建设，将打击逃废债作为一项系统工程来建设。某粮食购销企业编制虚假财务报表，提供虚假信息，企业巨额资金去向不明，这就是一起典型的逃废债案例。本案中银行已向法院申请保全了该企业土地和房产，并申请了强制执行。

一、基本案情

某银行于 2014 年 10 月 15 日向某粮食购销企业发放一笔贷款，债务到期后该企业拒不偿还银行贷款 1135 万元。经银行调查，发现该企业有如下违法行为。

（一）编制虚假财务报表，提供虚假信息

1. 虚列利润。该企业 2012 年年末报表反映利润 477.35 万元被转入应付股利科目，2013 年 12 月向法定代表人顾某分配利润 368.87 万元，而股东周某和某公司未参与分配。该企业 2013 年年末未分配利润 360.6 万元，2014 年 12 月全部分配。2014 年年末报表反映已分配股东利润 324.54 万元，2014 年年末报表反映应付股

利减少 228.72 万元，即向顾某和某公司分别分配股利 179.25 万元和 49.47 万元。2012—2014 年累计向股东分配利润 958.19 万元，且 2014 年年末仍有未分配利润 292.25 万元。此处存在三个问题：一是利润集中分配给了法定代表人顾某，其余股东基本不参与分配，这种分配形式违背常理。二是报表显示该企业利润丰厚，但仍还不上贷款，可能存在抽逃资金或虚列利润的情况。三是上述利润分配均未按国家规定缴纳 20% 的个人所得税。由此，银行判断该企业涉及利润造假，有通过虚假财务指标来骗取银行贷款的行为。

2. 虚增销售收入。根据该企业提供的 2015 年 1—4 月电费发票，其累计用电 190360 度，按生产 1 吨大米耗电 50 度计算，该公司 1—4 月共生产 3807.2 万公斤大米，按平均销售价格 4.46 元 / 公斤计算，销售收入为 1736.08 万元，而企业 4 月末财务报表反应销售收入为 2172 万元，虚增销售收入 435.92 万元。

3. 虚假注资，抽逃注册资本。该企业 2012 年 7 月 13 日增加注册资本 900 万元，分两笔将 277 万元和 623 万元现金缴存在某账户。2012 年 7 月 16 日，该公司便将 632 万元以货款的名义转至另一账户，随后又将该款项以投资款的名义转至其他公司的账号。该企业于 2012 年 7 月 16 日以收购的名义支取现金 268 万元，同日某公司现金增资 268 万元。银行分析该企业增加的注册资金 900 万元为借款，在注资后将资金归还，并未实际用于公司经营，存在虚假注资、欺骗银行的行为。

4. 隐匿股东变更事实。2014 年 8 月，该企业的股东某公司将股份转让给法定代表人顾某，但企业隐匿上述事项，在 2014 年会计年报中仍反映向原股东某公司分配利润 49.47 万元。

（二）企业巨额资金去向不明

根据银行库存核查情况，该企业 2015 年 7 月 1 日库存原粮 246

万公斤，成品粮 110 万公斤，合计价值 1225 万元。企业报表显示该公司原粮陆续加工销售，但未见其销售资金回流至某银行账户，其资金不知去向，涉嫌恶意拖欠银行贷款，非法转移国有信贷资金。

二、维权措施

（一）民事诉讼与经侦立案手段相结合进行维权

2015 年 10 月 19 日，银行向法院依法起诉，法院对该企业的土地、房产进行了保全。银行在取得胜诉判决后，于 2016 年 2 月 29 日向法院申请强制执行，目前正在执行之中。同时，银行已向公安机关报案，并提供了部分线索。

（二）向市委、市政府等相关部门报送专题报告

银行通过政府和相关部门向企业施压，协调公安、法院、律师事务所及相关部门向企业法定代表人宣传法纪政策，阐明利害关系，督促企业偿还贷款。

（三）将该企业作为逃废债典型上报市政府

上报以后，市政府高度重视，市打击逃废债专项整治办公室已将其作为重点案件进行处置。

三、案件分析

（一）银行提供违法线索存在困难

银行收集提供企业违法线索的能力有限，举证十分困难。本案中，银行向公安机关提供了部分线索，但对企业巨额资产和资金去向不明的问题没有能力查证，只能依赖公安机关的调查。

（二）执行收回难度大

即使银行保全了企业的财产，在现实中仍存在执行难度大、资产处置困难等问题。有的企业人去楼空，无现金可执行，只能对厂房、土地使用权及机器设备进行处置，处置变现相当困难。

四、启示或建议

（一）银行内部要完善风险防控机制

银行自身要加大对企业逃废债行为的防控，通过贷前、贷中、贷后各个环节降低风险。例如完善贷前调查举措，加强对企业财务报表和关键数据的审核力度，督促信贷人员主动深入了解企业及其法人的实际情况。强化贷后管理机制，客户经理通过按月走访、核查凭证等举措，监测企业现金流及经营情况，及时掌握企业真实运行情况。对一些恶意逃废银行债务的企业应采取合法手段及时介入，维护自身合法债权。

（二）外部机制建设亟待加强

1. 继续加强社会信用体系建设。人民银行应以征信管理系统建设为基础，在加大对商业银行征信数据报送检查和考核力度的同时，适时整合小额贷款公司等新型金融机构的放贷信息，及时将其纳入征信系统，确保银行及时、全面地掌握企业及个人的融资状况，有效缓解信息不对称的问题。对于部分性质恶劣的逃废银行债务的企业和个人，应该由相关部门统一牵头，建立"黑名单"制度，各金融机构联合行动，在全社会营造严厉打击逃废银行债务的整体氛围。

2. 运用法律武器，加强与司法部门合作。金融机构应充分利用法律法规维护债权，如根据《合同法》《公司法》等规定，积极行使撤销权、代位权来维护银行债权。积极探索相关法律法规中的各类诉讼、非诉讼程序手段，以实现债务追偿的多元化解决方案。

3.加大惩戒力度。应加强对逃废金融债权的责任追究机制建设，明确承担责任主体，明确逃废金融债权的法律责任，并制定严格的惩罚性措施，实行惩罚性违约金制度和贷款主体资格限制准入制度，从而加大威慑力度及债务人的违法成本。

（作者：中国农业发展银行　马强）

【编审点评】

提供虚假企业信息是企业逃废债的典型行为之一，企业为了获取银行信贷支持，向银行提供虚假资产表、利润表和负债表等财务报表，一般包括虚计资产、少列负债、虚增利润、少扣费用等行为，以制造经营假象，给银行信贷管理造成风险隐患。

本案例中的企业编制虚假财务报表，企业巨额资金去向不明，就是一起典型的提供虚假企业信息以达到逃废债目的的案例。即使银行保全了企业的财产，在现实中仍存在执行难度大、资产处置困难等问题。

利用虚假企业信息逃废债的行为近年来屡见不鲜，银行在前期评估中如何有效识别虚假财务报表，还原企业经营和财务状况，是有效规避信贷风险的关键。这要求银行工作人员要了解企业背景和非财务信息，一些非量化信息往往对验证企业信息真实性有重要作用。另外，还需通过查询和实地走访进行核实，不能走马观花，不能仅仅满足于听听汇报、看看报表，还应对实物资产进行盘查走访，从源头上掌握企业提供信息的真实程度，避免银行的损失。

（点评人：包商银行总行　王鸣岐）

案例 22　通过虚假租赁抵押物方式恶意逃废银行债务案

【案情摘要】债务人（抵押人）为了阻止银行处置抵押物，恶意将抵押物出租，并且将租赁合同时间提前到抵押之前，制造虚假的长期租赁合同，声称一次性付清租金，从而达到长期占用抵押物的目的。即使其后来在诉讼中败诉，不能长期占用抵押物，又通过恶意诉讼方式达到拖延抵押物处置的目的，给银行处置抵押物制造障碍，意图逃废银行债务。

一、基本案情

浙江某服饰有限公司自 2011 年 7 月起在银行获批 3300 万元授信额度，至 2016 年 11 月尚有未结清授信余额 2668.34 万元。敞口部分由黄某、彭某（为黄某妻子）提供六套某隆花园的营业用房作为抵押担保，抵押物总面积为 1050.35 平米，评估总价为 3270 万元，并由温州经济技术开发区某服装有限公司、浙江某汽车贸易有限公司及黄某个人提供连带责任保证。

该企业在 2011 年下半年开始发生风险，于 2012 年上半年发生逾期，银行经多次催收无果后，分别向温州市鹿城区人民法院和温州市中级人民法院提起诉讼。法院经审理后分别于 2013 年 5 月和 2013 年 6 月下达判决，支持银行的诉讼请求。在案件进入执行程序后，抵押人黄某与第三人金某串通，将某隆花园 1 幢、2 幢的房产恶意出租，虚构高额租金，并将租赁合同的签署日期提前到银行抵押登记日之前的 2011 年 1 月 1 日，租赁期限为 2011 年 1 月 1 日至 2020 年 12 月 30 日，年租金 5 万欧元。其后，金某声称已经一次性支付 10 年租金 50 万欧元，但又无法提供银行流水凭证，也无法提供购汇凭证。金某对法院提出执行异议，造成银行抵押物无法及时处置。

二、维权措施

根据我国《物权法》第一百九十条规定："订立抵押合同前抵押财产已出租的，原租赁关系不受该抵押权的影响。抵押权设立后抵押财产出租的，该租赁关系不得对抗已登记的抵押权。"此案中一旦第三人金某声称的租赁关系（提供的租赁合同）被法院认可，则银行抵押权在很长时间内将无法受偿，或者只能以极低的价格受偿。

2014 年年初，法院专门为金某的执行异议进行了听证，并于 2014 年 2 月 28 日作出裁定，驳回了金某的执行异议。但是金某在没有增加任何新证据的情况下，针对法院驳回执行异议的裁定，于 2014 年 4 月提起了执行异议之诉。在诉讼中，金某声称自己在 2011 年 1 月 1 日就签订了租赁合同，银行在 2011 年 3 月 24 日才和黄某夫妇签订抵押合同，因此其租赁合法有效，金某还提供了租赁合同、收据、营业执照和日常使用租赁物的照片。

银行在庭审过程中质证称：10 年的租金一次付清不符合常理，租赁抵押物空置两年多才开始投入使用也不切实际，且金某声称 50 万欧元是现金支付，但其当年并没有欧元购汇记录，也违反外汇管理条例的相关规定。

法院最终认定：1. 租赁合同真伪不明，租金支付依据不足，主要依据是工商登记机关调取的房屋租赁合同，合同上记载抵押物是2013年7月30日开始租赁；2. 金某提供的2011年1月1日签订的房地产租赁合同上的联系方式是其在2013年才开始使用的手机号码；3. 金某无法说明50万欧元现金的来源，以及其合法带回国内的渠道；4. 金某提供的照片只能证明其2013年开始使用被租赁房屋，而不能证明其2011年就开始使用被租赁房屋。因此认定其租赁合同真伪存疑，无法认定租赁关系的合法有效性，最终驳回金某的诉讼请求。

金某在法院判决其败诉后，又再次上诉，使银行的执行程序再次搁浅。2015年年初银行终于获得终审胜诉，金某败诉，缴纳了腾空保证金。但2015年温州房产市场进一步下滑，抵押物的处置价格较2013年继续下跌，扩大了银行损失。

三、案件分析

（一）难点

1. 法院不支持对文书生成时间的司法鉴定。目前在司法实践中，经常需要鉴定文书证据的生成时间，但鉴定技术对此的支持力度不高。浙江省高级人民法院曾发布浙高法鉴〔2011〕5号文件指出："所谓'文件形成时间'的鉴定，目前除了用圆珠笔书写的文件，在以同样用圆珠笔书写的不同时间的样本做比对时，可以用薄层分析法实验效果较好外，其他材料形成的文件时间目前尚无国家或行业内认可的统一的检验鉴定方法。因此，一些鉴定机构自称任何书写、打印材料形成的文件都能做形成时间鉴定是不严谨、不科学的，尤其是要提交法庭作为证据使用更为不妥。"因此在浙江省范围内，对于文书类证据，法院并不允许鉴定其生成时间。这就导致了一部分逃废债务者有恃无恐地制造虚假合同，提前合同日期。只要能找到一个之前和其有银行资金往来的人串通造假，就可以制造一份表面上符合逻辑的租赁合同和银行流水记录，这样银行就很难戳穿其虚假租赁的本质。

虽然在本案中银行最终获得了胜诉，但是在其他一些类似案件中，只要"租赁方"能够提供没有明显缺陷的合同和大额的银行交易记录，即使一些交易看起来有可疑之处，法院也可能认定其租赁关系的真实性和合法性。这给银行对抗虚假租赁带来较大的困难，只要对方提供的证据没有逻辑错误，就无法推翻虚假证据。

2. 部分地区不支持租赁登记。虽然我国相关法律法规明确规定租赁房产应该登记，但是部分地区近些年并没有开展租赁登记业务，而且大部分出租人为了避税，也不会主动去房管局登记租赁情况。比如在温州地区的司法实践中，无论其租赁情况有无登记，租赁的真实性都不受影响，这也给银行举证带来了较大的困难，银行无法通过租赁登记情况来了解房产是否真实被租赁，以及被租赁的期限、金额、租金的支付方式等。

（二）风险点

1. 银行对抵押物在授信期间是否被租赁，未能留下清晰有利的证据。银行在业务开展过程中，主要通过客户经理现场走访、上交贷后检查报告等方式来确定抵押物是否涉及租赁，并没有保留照片，也没有要求客户签署相关文书，这就给部分客户在发生风险的时候违背诚信原则，恶意制造虚假租赁提供了可乘之机。

2.银行在本案执行异议之诉中，虽然准备充分，并细致研究了金某提供证据的各种缺陷，最终取得了胜诉，但由于诉讼流程冗长，整个执行进程被耽误了一年有余。这一方面增加了银行诉讼清收成本，另一方面抵押物最终处置时还面临贬值风险。

四、启示或建议

建议银行在授信发放前，加强对抵押物他项权利及使用、出租状态的审查，并对抵押权和租赁权可能出现冲突的情况预先采取相应措施予以防范，应要求抵押人签订《承诺书》，明确其告知义务，并应根据《物权法》第一百九十条规定，约定抵押权设立后抵押财产出租的，该租赁关系不得对抗已登记的抵押权。

建议监管机构加大对此类案件的调研指导，并与最高人民法院加强沟通联系，对于司法实践中虚假租赁无效的裁判案例应加大宣传力度，并以最高人民法院指导案例的形式进行公布，切实加大对基层法院在此类案件的司法裁判指导，形成统一的裁判规则，提高审判效率。

对于虚构租赁关系，甚至发起虚假诉讼的当事人，应加大司法惩戒力度，制定并施行严厉措施，以儆效尤，以促进全社会形成健康向上的诚信文化氛围。

（作者：上海浦东发展银行 刘泉）

【编审点评】

利用虚假租赁合同、签订长期租约、一次性付清租金、拒不腾退等方式对抗抵押权，是当前恶意逃废银行债务的一种常见手段。

即使银行胜诉，仍会在处置财产过程中面临执行难、资产贬值等困难和风险。只有充分了解当地司法实践的实际状况，通过签订补充协议等形式，完善相关法律手续，确保抵押权能够顺利实现，做到未雨绸缪，防患于未然，才能切实保护好银行债权。

（点评人：江苏银行北京分行法律保全部　毛卫东）

案例 23　债务人转移资产逃废国内债务案

【案情摘要】某省 TL 实业有限公司在上海某银行贷款 2000 万元，贷款到期后，由于企业经营不善，形成逾期，担保企业也无力偿还贷款，目前企业已经停产。经银行与企业人员多次联系、催收，企业拒不还款。同时，企业在毛里求斯设立子公司，企业实际控制人及法定代表人张某运目前在毛里求斯通过该子公司经营纺织业务，企业实际控制人张某运对国内债务拒不偿还，存在恶意逃废债的主观故意。

一、案例背景

某省 TL 实业有限公司（以下简称"TL 实业"）成立于 1997 年 3 月，1997 年 9 月经原外经贸部批准，赋予其进出口经营权，地址在太原市水西门街 67 号，注册资本一亿元，公司主营批发零售普通机械及电器机械、化工产品、五金交电、矿产品等，自营和代理产品及技术进出口业务，经营对销贸易和转口贸易，法定代表人是张某运。上海某银行于 2014 年 8 月 25 日向 TL 实业发放流动资金贷款 2000 万元，到期日为 2015 年 8 月 21 日，贷款担保方式为某省 HT 煤化工有限公司和某市 HT 化工有限公司提供连带责任保证，追加担保人的法定代表人吴某生和其配偶袁某提供特别担保。

二、主要事实及行为

贷款到期后，由于企业经营不善，形成逾期，担保企业也无力偿还贷款，目前企业已经停产。经银行与企业多次联系、催收，企业拒绝还款，法定代表人张某运目前在毛里求斯经营纺织公司，该公司为 TL 实业的子公司，资产约人民币 20000 万元，目前在巴克莱银行有少量贷款，约为 150 万美元。因其企业在境外经营，银行资产保全工作面临困难。银行于 2015 年 8 月底进行诉讼保全，山西省太原市中级人民法院已于 2016 年判决银行胜诉，但由于 TL 实业没有发现可供执行的财产，法院下达〔2016〕晋 01 执 × × 号的中止执行裁定，现处于中止执行阶段。

该企业目前在六家银行有逾期贷款，贷款余额为 34560 万元。

三、维权措施及经验教训

在经济下行期间，个别债务人面对经营不善的局面，通过在境外设立子公司或关联企业，借助业务往来等转移有效资产，最终"金蝉脱壳"，使其在国内的债务企业陷于无力清偿的局面。对此类情形，目前银行很难进行有效防范和制止。

当经济发展面临压力时，个别企业的经营管理遭遇重大困难，银行在债权维护过程中面临较大困境，只能通过法院查封、冻结、扣划等财产保全措施处置债务人资产，而传统的诉讼形式追索债权流程漫长，效果欠佳。

目前，由于金融诉讼维权案件增多，银行诉讼维权案件的立案、审理和执行周期普遍较长。尤其是金额较大的案件在法院立案排队的时间更长，案件审理期限也更加漫长。即使银行获得胜诉，由于不少企业自身缺乏可供执行的财产，加上法院执行案件多，受人少案多等因素影响，资产保全查封和司法拍卖处置的时间都非常漫长。

四、维权的难点和问题

该债务企业存在借款人失联、不还款、不配合银行的债务催收工作等情况，导致银行债权维护受阻。

企业法定代表人在国外经商办企业，长期居住在国外，不配合国内企业的债务清偿工作，存在恶意逃废债的主观故意。

银行在债权维护中处于被动状态，这主要是因为案件诉讼周期长，企业可供执行的财产较少，对该企业在海外子公司的资产存在司法执行困难。

五、对打击逃废银行债务的建议

希望银行业协会发挥组织协调作用，加强金融部门之间的信息互通和信息共享，加大对逃废债企业的打击力度。

加强社会信用体系建设，以人民银行征信管理系统为基础，在加大对商业银行征信数据报送检查和考核力度的同时，适时整合小额贷款公司等新型金融机构的放贷信息，及时将其纳入征信系统，确保银行及时全面掌握企业、个人的融资状况，有效缓解信息不对称问题。地方政府应统一牵头，建立"黑名单"制度，及时通过相关媒体予以曝光。

（作者：上海浦东发展银行　刘泉）

【编审点评】

一些企业集团重大信用危机的爆发，反映了多头融资、过度授信的危害性，同时也暴露出银行业金融机构在企业真实债务水平评估上的缺陷。《银行业金融机构联合授信管理办法（试行）》出台后，将有助于银行业金融机构预先识别和前瞻防控风险，抑制银行之间因信息割裂导致的授信不审慎，压缩企业多头融资的制度空间。

银行业金融机构开展联合授信是落实党中央、国务院关于降低企业杠杆率要求，防范化解金融风险的重要举措，各银行业金融机构要充分认清联合授信机制对于提高银行业金融机构信用风险整体管控能力，有效遏制多头融资、过度融资，以及优化金融资源配置，提高资金使用效率，支持供给侧改革的重大意义。

本案例再一次证明了银行业金融机构开展联合授信的必要性，要通过联合授信管理架构、联合风险防控、联合风险预警处置、联合惩戒及监督管理等方法，确保联合授信机制的有效落实。

（点评人：中国银行业协会　柴建红）

附录一

中国银行业协会开展"依法保护银行债权，打击逃废银行债务"专项活动有关资料

1. 中国银行业协会关于深入开展依法保护银行债权，打击逃废银行债务"四个一批"专项活动的通知

各会员单位：

为进一步落实《"依法保护银行债权，打击逃废银行债务"专项工作方案》（银协发〔2016〕158号）等通知精神，中国银行业协会（以下简称中国银协）自2016年12月起有序开展"四个一批"专项活动，其中商请最高人民法院执行局挂牌"督办一批"胜诉未执行案已经实施，向最高人民法院执行局报送了会员单位申报的首批胜诉未执行案件133件，涉诉标的金额149亿元，"保权打逃"工作开局顺利。为在全国银行业会员单位内部深入开展多批次的"四个一批"专项活动，现就"通报一批""公示一批""制裁一批"相关报送工作通知如下。

一、申报范围

为准确、有效打击逃废银行债务行为，请各会员单位严格按照《中国银行业协会"逃废银行债务机构"名单管理办法》（银协发〔2013〕9号）所列举条件和认定标准，结合本行实际，梳理本行客户中构成失信和逃废银行债务的借款人、担保人及关联单位（含会计师事务所、资产评估事务所、律师事务所、破产管理公司等）的

155

基本情况后进行申报，申报范围主要包括：

（一）申报在全国银行业金融机构"通报一批"逃废银行债务的失信人信息。中国银协将根据会员单位申报的相关信息，依照相关法律法规、政策和失信管理制度，选择一定数量的严重逃废银行债务的失信人，在中国银协会员单位内部进行通报，提示会员单位充分注意授信及业务合作风险。

（二）申报在全国主要媒体"公示一批"逃废银行债务的失信人信息。中国银协根据会员单位申报的相关信息，依照相关法律法规、政策和失信管理制度，选择一定数量的特别严重逃废银行债务的失信人，在相关媒体进行公示，公开警示失信债务人依约偿还银行债务。

（三）申报在全国银行业金融机构和司法机关"制裁一批"逃废银行债务的失信人信息。中国银协根据会员单位申报的相关信息，依照相关法律法规、政策和失信管理制度，选择一定数量且符合银行业金融机构联合制裁条件的特别严重逃废银行债务的失信人及其关联机构，以文件形式统一建议（要求）会员单位采取停止其授信、停办其开立新账户、停办其法定代表人和相关人员信用卡等联合惩戒措施。

对依法构成拒不执行判决、裁定罪及贷款诈骗罪等侵害银行债权的其他犯罪行为，会员单位已经报案或者提起刑事自诉，但公安机关、人民法院或检察机关因各种因素尚未启动刑事追责程序的，中国银协根据会员单位的申报，将其纳入"制裁一批"专项活动之中，统一向公安部、最高人民法院或最高人民检察院提出督办惩戒申请。

二、申报条件

（一）本次专项活动原则上仅接受中国银协会员单位申报，非中国银协会员单位确有上述需求，应当通过各地银行业协会（公会）申报，由中国银协同各地协会（公会）商议，并根据个案情况审定是否将其纳入专项活动。

（二）各会员单位对客户严重失信、特别严重失信情形的认定，除参照《中国银行业协会"逃废银行债务机构"名单管理办法》中的相关条件外，还应结合客户失信涉及银行债权金额、失信性质等进行综合确定，其中政策性银行、大型银行、股份制银行、邮政储蓄银行涉及债权金额不应低于人民币一亿元（含），城商行、省农信联社（含农商行）、资产管理公司等其他会员单位涉及债权金额不应低于人民币5000万元（含）。

（三）各会员单位申报联合惩戒的，应当认真研究逃废银行债务失信人的经营活动范围、失信严重程度、涉及金融主体数量、惩戒实施范围等，按照依法合规、条件充要、实施有效的原则把握，并由会员单位法律合规部门出具法律意见书。

（四）各会员单位申报刑事追责的，应当提供必要的法律文书，包括但不限于生效的判决书、调解书、裁决书、决定书等，并由会员单位法律合规部门出具对失信人应当承担刑事责任的法律意见书。

（五）各协会（公会）会员单位特别申请非中国银协会员单位参加专项活动的，各协会（公会）可以高于上述标准进行审核并附《地方协会（公会）审查意见书》。

三、申报数量

（一）会员单位申请"通报一批"首批数量按照下列指标掌握：政策性银行每行 20 户、大型银行每行 50 户、股份制银行每行 30 户、邮政储蓄银行 20 户，城商行、省农信联社（含农商行）、资产管理公司等其他会员单位每单位 10 户。

（二）会员单位申请"公示一批"首批数量按照下列指标掌握：政策性银行每行 5 户、大型银行每行 10 户、股份制银行每行 5 户、邮政储蓄银行 5 户，城商行、省农信联社（含农商行）、资产管理公司等其他会员单位每单位 3 户。

（三）会员单位申请"制裁一批"数量由各会员单位按照实际情况自行把握。

（四）各会员单位在报送名单时请以法人为单位签署意见和盖章，按照失信人的失信严重程度和采取惩戒措施的紧迫性进行递减排序，协会原则上将按照给会员单位所分配的名额，参考各行所报送的名单排序，从后往前进行必要的剔除选择。

四、报送时限

请各会员银行以总行（省信用联社）为单位将《逃废银行债务机构信息申报表》及材料加盖公章并扫描为电子版后，随同《逃废银行债务机构信息申报汇总表》电子版，于 2017 年 2 月 20 日前发送至中国银协"依法保护银行债权，打击逃废银行债务"办公室（下称"保权打逃"办公室）电子邮箱：bqdt@china-cba.net。《逃废银行债务机构信息申报表》及材料的纸质件请于 2017 年 2 月 28 日前报送至：北京市西城区金融街 20 号航宇大厦 12 层中国银协"保权打逃"办公室（维权部），邮政编码：100033。

五、其他要求

（一）各会员单位应高度重视"四个一批"专项工作，深刻认识当前条件下开展"保权打逃"工作的重要意义。

（二）会员单位在申报前应建立必要的审核制度，并对所报送材料的真实性、准确性负责。因申报材料失实而导致他人合法权益受到损害的，由申报会员承担相应责任。

（三）中国银协"保权打逃"办公室（维权部）将依照《"依法保护银行债权，打击逃废银行债务"专项工作方案》等相关规定，建立会员单位"保权打逃"工作联系人制度，并从各相关会员单位抽调人员，共同完成对所提交申报材料的交叉审查。

（四）协会将附件电子版发送至各会员单位邮箱，请各会员单位注意查收。

2017 年 2 月 8 日

159

2.中国银行业协会"保权打逃"办公室工作职责

一、认真贯彻国务院有关惩治恶意逃废银行债务的工作要求，落实银监会和中国银协领导关于"依法保护银行债权，打击逃废银行债务"的指示精神；

二、发挥行业协会自律、维权、协调、服务基本职能，依法保护银行债权，打击逃废银行债务行为，推进银行业稳健经营发展；

三、倡导契约精神，普及法律知识，推进银行业法制和行业诚信建设，维护金融生态环境；

四、组织制定银行业维权方面的行业规则、规章制度，推进维权工作的制度化建设；

五、根据银行业发展需要和会员单位诉求，提出立法、行政和司法建议，争取国家有关机构的支持；

六、受理会员单位维权申请，审议并做出维权决议；

七、针对损害会员单位合法权益的行为，组织实施联合维权行动；

八、组织、开展课题研究工作和调研活动，为会员单位提供专业理论和实践服务。

九、完成协会领导交办的其他工作。

3. 中国银行业协会关于对沈阳某集团有限公司等 200 户严重失信债务人的内部通报

各有关会员单位：

为了认真贯彻落实全国金融工作会议精神，切实维护金融安全，落实国务院有关惩治恶意逃废银行债务工作要求，防范和控制金融风险，提高金融服务实体经济的效率和水平，推动依法保护银行债权，打击逃废银行债务工作。中国银行业协会在全国范围内开展"依法保护银行债权，打击逃废银行债务"专项活动，按照中国银行业协会"保权打逃"工作安排和"四个一批"专项活动的工作要求，依据相关法律法规、政策和失信管理制度，经过会员单位申报、专题会议确认、资料补充完善等程序，筛选出 200 户严重失信债务人名单，现通报各有关会员单位，并提出以下要求：

一、各会员单位应充分注意被通报严重失信债务人的失信情况，审慎开展授信及其他业务合作。

二、本通报仅限会员单位特定部门内部使用，不得外传，应特别注意失信债务人信息保管工作，务必防控信息泄露风险。

三、各会员单位对通报失信债务人名单如有异议，请及时与协会"保权打逃"办公室联系。

回复邮箱：bqdt@china-cba.net

4. 关于中国银行业协会联合中国工商银行等 41 家金融机构对 140 家严重失信债务人 公示催收债权的公告

为深入贯彻党的十九大会议精神，有效防范金融风险，维护银行业金融机构合法权益，依法惩治逃废银行债务行为，根据《中华人民共和国商业银行法》《中华人民共和国合同法》《最高人民法院关于公布被执行人名单信息的若干规定》《国家发改委关于对涉金融严重失信人实施联合惩戒的合作备忘录》等有关法律法规及政策精神，中国银行业协会决定联合中国工商银行等 41 家金融机构，对 140 家严重失信债务人进行公示，要求被公示债务人及其担保人，从公示之日起，立即按照合同约定，依法依约履行清偿贷款本息义务。逾期仍不履行相关义务的，中国银行业协会将联合有关会员单位依法对严重失信债务人采取进一步失信惩戒措施。

特此公告。

中国银行业协会

2018 年 5 月 14 日

5. 中国银行业协会有关负责人就联合银行业金融机构开展对严重失信债务人公示催收债权答记者问

近日，中国银行业协会（以下简称"中银协"）联合41家银行业金融机构，首次发布了对140家严重失信债务人公示催收债权的公告，中银协有关负责人就相关问题回答了记者提问。

问：中银协联合银行业金融机构开展对严重失信债务人惩戒的背景和意义是什么？

答：近年来，银行业金融机构部分债务人违约事件和个别债务人逃废银行债务事件时有发生。违约失信以及逃废银行债务行为不仅践踏了契约精神，也严重侵犯了银行业金融机构的合法权益，银行业金融机构维权诉求强烈。

为贯彻落实国务院《社会信用体系建设规划纲要（2014–2020年）》（国发〔2014〕21号）、国务院《关于建立完善守信联合激励和失信联合惩戒制度 加快推进社会诚信制度建设的指导意见》（国发〔2016〕33号）以及国家发改委与人民银行、原银监会、证监会、原保监会、商务部、最高人民法院联合签署的《关于加强涉金融严重失信人名单监督管理工作的通知》（发改财金规〔2017〕460号）政策要求，发挥行业协会在推进社会信用体系尤其是涉金融领域信用体系建设的特殊作用，按照"褒扬诚信、惩戒失信"的原则，严厉打击涉金融违法失信行为，中银协联合银行业金融机构依据《中华人民共和国商业银行法》《中华人民共和国合同法》以及相关政策、协议等规定约定，首次联合41家银行业金融机构发布对140家严重失信债务人公示催收债权的公告，督促有关债务人、担保人依法依约履行法律义务和合同。这是中银协党委贯彻党的十九大提出的防范和化解金融风险的一项重要行动，是落实国务院有关推进社会信用体系建设的重要举措，更是银行业助力开展涉金融失信惩戒工作的重要组成部分。

问：中银协联合银行业金融机构开展对严重失信债务人惩戒的工作思路是什么？筛选的140户严重失信债务人有哪些特点？

答：习近平总书记在中共中央政治局第三十七次集体学习时强调，"要完善守法诚信褒奖机制和违法失信惩戒机制，使人不敢失信、不能失信"。2018年1月15日，李克强总理主持召开国务院常务会议，部署加快建设社会信用体系、构筑诚实守信的经济社会环境时强调，要完善奖惩制度，全方位提高失信成本，让守信者处处受益、失信者寸步难行，使失信受惩的教训成为一生的"警钟"。

中国银保监会领导高度重视行业协会推进涉金融失信惩戒工作，郭树清主席强调，中银协要充分发挥社会组织职能作用，采取切实有效的措施，逐步建立长效机制；要强化维权职能，扎实开展"四个一批"专项治理活动，即"督办一批、通报一批、公示一批、制裁一批"。

为了扎实有效开展"四个一批"专项治理活动，中银协组织制定了"依法保护银行债权，打击逃废银行债务"专项工作方案和领导制度，制定了详细的工作计划，成立了领导小组。2017年2月，中银协向会员单位下发《关于深入开展依法保护银行债权，打击逃废银行债务"四个一批"专项活动的通知》（银协发〔2017〕16号）文件，"四个一批"工作全面启动。

这次中银协联合41家银行业金融机构对140户严重失信债务人进行公告催收债权，就是"公示一批"的具体行动。这一做法不仅有利于推进银行业失信惩戒机制建设，也有利于维护银行业金融机构的合法权益。

中银协开展"四个一批"专项活动以来，各会员单位申报了大量有关基础材料，先是通过内部审核完成了"通报一批"，收到了较好的成效。本次"公示一批"的审定工作严格按照银行自主申报、反复核实确认、内部逐级签批流程进行。在选择上充分考虑地域、金额、现状等因素，确保公示催告能够起到督促债务人履行法律与合同规定义务的作用。

本批次公示的相关信息具有以下几个特点：

一是申报机构众多。工商银行、农业银行、中国银行、建设银行、交通银行等70多家机构进行了申报，经反复审核确认，最终确定41家银行业金融机构。

二是涉及标的巨大。140户债务人，涉及本金181.5亿元，利息68.1亿元，本息合计249.6亿元。金额最大的失信债务人是工商银行总行报送的云南惠嘉进出口有限公司，拖欠本息合计高达15.9亿元，金额最小的失信债务人是富滇银行总行营业部报送的宣威市大禹经贸有限公司，其拖欠本息也有728万元。

三是绝大部分债权得到司法确认。据统计，本次公示催收的140户债权中只有12户未在司法程序之中，占比仅为8.6%，91.4%均经过司法调解、仲裁、诉讼，其中有31户123起个案均在执行程序之中。

　　四是债务人分布区域广泛。从地域上看，涉及 26 个省（市、自治区），其中浙江省、福建省申报较多，分别为 19 户、14 户，主要与相关银行业协会长期高度重视"保权打逃"工作，初步建立相应工作机制密切相关。因部分地方行业协会、银行业金融机构未能按照要求报送相关信息或者经过督促后信息仍然不够全面准确，本次公告催收中未能列入相关失信债务人信息。

　　问：140 户严重违约失信人继续违约将面临何种惩戒？

　　答：列入中银协严重失信债务人名单的企业，若不能依法依约清偿银行业金融机构贷款本息，将无法在相关银行乃至全国银行业金融机构获得新增授信，银行业金融机构也不会为其开立新的结算账户，其法定代表人个人办理信用卡也将受到限制。同时，相关银行将分别采取诉讼、申请保全财产、申请强制执行、申请将之列入人民法院失信被执行人名单等措施，依法维护银行业金融机构合法权益。

　　严重失信债务人一旦被人民法院纳入失信被执行人名单，要承担更加严重的后果。依据最高人民法院《关于修改〈最高人民法院关于公布失信被执行人名单信息的若干规定〉的决定》（法释〔2017〕7 号），人民法院失信被执行人名单信息，将向政府相关部门、金融监管机构、金融机构、承担行政职能的事业单位及行业协会等通报，供相关单位依照法律、法规和有关规定，在政府采购、招标投标、行政审批、政府扶持、融资信贷、市场准入、资质认定等方面，对失信被执行人予以信用惩戒。最高人民法院《关于限制被执行人高消费的若干规定》（法释〔2010〕8 号）第三条规定，被执行人为单位的，被限制高消费后，禁止被执行人及其法定代表人、主要负责人、影响债务履行的直接责任人员以单位财产实施本条乘坐交通工具时，选择飞机、列车软卧、轮船二等以上舱位。

严重失信债务人不仅在涉及金融等民商事行为方面会受到限制，还可能承担刑事上的法律责任。最高人民法院《关于审理拒不执行判决、裁定刑事案件适用法律若干问题的解释》（法释〔2015〕16号）第一条规定："被执行人、协助执行义务人、担保人等负有执行义务的人对人民法院的判决、裁定有能力执行而拒不执行，情节严重的，应当依照刑法第三百一十三条的规定，以拒不执行判决、裁定罪处罚。"银行业金融机构可根据该司法解释第三条规定，在有证据证明负有执行义务的人拒不执行判决、裁定，侵犯了银行财产权利，向公安机关或者人民检察院控告而对负有执行义务的人不予追究刑事责任的，银行有权按照刑事诉讼法第二百零四条第三项规定的，以自诉案件形式申请人民法院立案，追究严重失信债务人的刑事责任。

问：如果被公示的严重失信债务人在公告催收后，偿还了全部债务本息，是否可以从严重失信债务人名单中移除？

答：对于严重失信人按照本次公示公告在履行清偿相关银行债务义务后，根据申报银行的报告，中银协将不再将该债务人纳入严重失信债务人名单。已经纳入严重失信债务人名单，相关债务人履行清偿债务义务的，中银协也将按照一定规则，允许其进行信用修复。

需要特别强调的是，为保护信用主体合法权益，中银协将建立健全有关银行业失信债务人信用信息异议、投诉制度。有关银行业协会、银行业金融机构在执行失信联合惩戒措施时主动发现，或者经债务人提出异议申请或投诉发现信息不实的，中银协将及时通知信息提供银行核实，信息提供银行应尽快核实并反馈。联合惩戒措施在信息核实期间暂不执行。经核实有误的信息会及时更正或撤销。

问：中银协后续在惩戒失信人方面有何工作部署？

答：推进行业信用体系建设是一项长期而系统的工作。中银协将在司法机关、政府有关部门以及监管机构的支持下，坚定不移地推进银行业失信债务人联合惩戒工作，建立健全银行业失信债务人、银行从业人员失信惩戒机制。

一是适时发布《严重失信债务人信息管理办法》，规范失信债务人信息管理工作。

二是根据银保监会《银行业金融机构联合授信管理办法（试行）》发布联合授信成员银行协议、联合授信银企合作协议示范文本，发布银行业失信惩戒示范合同条款。

三是编辑出版逃废银行债务典型案例，集中通报银行业严重失信债务人逃废银行债务情况，坚持适时发布严重失信债务人信息，交流打击逃废银行债务工作经验。

四是探索建立涵盖联合授信、担保总额、失信被执行人、失信债务人、失信银行业从业人员、失信中介机构及从业人员、不良债权转让、票据公示催告等一系列信息为核心的信息咨询服务平台，为银行业金融机构提供差异化信息咨询服务。

五是适时向全国信用信息共享平台（信用中国网）报送严重失信债务人信息，扩大公示催告范围。

六是对严重失信债务人已经构成拒执罪的，集中向人民法院、公安机关反映情况，提示银行业金融机构采取刑事自诉等措施依法维权，打击逃废银行债务行为。

为有效推进银行业失信惩戒工作，中银协将与银行业金融机构携手探索对严重失信债务人债务追索的正向激励机制，如对社会各界提供银行业金融机构不掌握且属于失信债务人的有效财产信息的给予必要的奖励等。中银协还将积极向国家有关部门反映银行业金融机构在涉金融失信惩戒方面的诉求,推动《失信惩戒条例》等信用立法工作,为构建信用中国做出应有的贡献。

6. 中国银行业协会关于组织开展第二批 "公示一批"专项活动的通知

各会员单位：

为了全面贯彻落实国家有关惩治逃废银行债务的工作指示精神，优化金融生态环境，积极推动和落实"全方位、多渠道、多层次"的大维权工作新要求，在前一阶段"四个一批"专项活动取得显著成效的基础上，继续深入做好打击逃废银行债务，依法保护银行债权工作。经中国银行业协会（以下简称中银协）研究决定，组织会员单位开展第二批"公示一批"专项活动，现将有关事项通知如下：

一、申报主体

各会员单位（以总行、总社、总公司为单位申报，协会不接受分支机构单独报送）。

二、基本条件

申报"公示一批"的失信债务人应同时具备以下条件：

（一）拖欠贷款本金 5000 万元以上；

（二）逾期时间原则上超过 90 天；

（三）债务人无主动偿还意愿。

三、报送方式与时限

请各会员以总行、总社、总公司为单位将《中国银行业协会失信债务人公示信息申报表》（第二批）加盖公章并扫描为电子版后，于 2019 年 4 月 8 日前发送至中银协"依法保护银行债权、打击逃废银行债务"办公室（下称"保权打逃"办公室）电子邮箱：bqdt@china-cba.net。《中国银行业协会失信债务人公示信息申报表》（第二批）加盖公章的纸质件请于 2019 年 4 月 12 日前报送至：北京市西城区金融大街 20 号交通银行大厦 B 座 12 层中银协"保权打逃"办公室，邮政编码：100033。

四、申报要求

（一）各会员单位在报送信息时请以法人为单位签章。

（二）申报要素包括：省（市、自治区）、失信债务人（企业全称）、失信债务人统一社会信用代码（确保准确无误）、法人代表或主要负责人、失信债务人截至 2019 年第一季度所欠债务本息（欠息额含违约金和罚息等）、已取得的法律文书编号等信息。

（三）各协会（公会）可以参照中银协确定的申报条件对所属会员单位失信债务人相关信息进行汇总上报，由中银协确定是否将其纳入本次专项活动。

五、其他

（一）各会员单位要提高对打击逃废银行债务，依法保护银行债权"四个一批"工作重要性的认识，要提升政治站位，站在确保国家金融安全和防范金融风险的高度，做到思想上高度重视，态度上坚决拥护，行动上果断有力。

（二）会员单位在申报前应建立必要的审核制度，对申报所提供材料的真实性、准确性负责。因申报材料失实而导致他人合法权益受到损害的，由申报会员承担相应责任。

（三）中银协"保权打逃"办公室将依照《"依法保护银行债权，打击逃废银行债务"专项工作方案》等相关规定，建立会员单位"保权打逃"工作联系人制度，各会员单位要责成专人负责此项工作，认真填报联系人和联系方式，遇人员调整要及时报告，确保工作延续性。

7. 关于中国银行业协会联合中国建设银行等 77 家银行业金融机构对 966 户债务人公示催收债权的公告（第二批）

按照国家推进信用体系建设和对失信人实施惩戒的总体要求，为净化金融生态环境，有效防范金融风险，维护银行业金融机构合法权益，依法惩治逃废银行债务行为，根据《中华人民共和国商业银行法》《中华人民共和国合同法》、国务院《关于建立完善守信联合激励和失信联合惩戒制度加快推进社会诚信建设的指导意见》(国发〔2016〕33 号、国家发改委等 六部委《关于加强涉金融严重失信人名单监督管理工作的通知》(发改财金规〔2017〕460 号）等有关法律法规及政策精神，中国银行业协会决定联合中国建设银行等 77 家银行业金融机构，对 966 户债务人公示催收债权（见公示名单），要求被公示债务人（包括借款人、担保人），从公示之日起，立即按照合同约定，依法依约清偿贷款本息义务。逾期仍不履行相关义务的，中国银行业协会将联合有关会员单位依法对严重失信债务人采取进一步失信惩戒措施。对于已经按照公告偿还有关债务或者做出切实可行还款计划的，中国银行业协会将视具体情况在银行业金融机构内部通报。

特此公告。

中国银行业协会

2019 年 8 月 16 日

8. 公示催收债权 维护银行权益

——中国银行业协会有关负责人答记者问

2019 年 8 月 16 日，中国银行业协会（下称"中银协"）联合中国建设银行等 77 家银行业金融机构发布对 966 户债务人公示催收债权公告，中银协有关负责人就相关问题回答了记者提问。

1. 中银协联合银行业金融机构公示催收债权的背景和意义是什么？

答：近年来，银行业金融机构部分债务人违约事件和个别债务人逃废银行债务事件时有发生。违约失信及逃废银行债务行为，不仅践踏了契约精神，而且严重侵犯了银行业金融机构的合法权益，银行业金融机构对此维权诉求强烈。

中银协联合 77 家银行业金融机构对 966 户债务人进行公告催收债权，是中银协"打击逃废银行债务，依法保护银行债权"，开展"四个一批"（通报一批、公示一批、督办一批、惩戒一批）活动的具体行动，是中银协党委不忘初心、牢记使命，努力服务会员的一次重要实践，是落实党的十九大提出防控金融风险政治任务的一项重要部署，更是贯彻落实国务院《关于建立完善守信联合激励和失信联合惩戒制度加快推进社会诚信制度建设的指导意见》（国发〔2016〕33 号）以及国家发改委等六部委《关于加强涉金融严重失信人名单监督管理工作的通知》（发改财金规〔2017〕460 号）等有关政策的体现。

2. 中银协联合银行业金融机构公示催收债权的法律与政策依据有哪些？

答：《中华人民共和国民法总则》《中华人民共和国合同法》《中华人民共和国商业银行法》均对诚实守信原则有明确规定；国务院《关于建立完善守信联合激励和失信联合惩戒制度加快推进社会诚信建设的指导意见》（国发〔2016〕33号）、国家发改委等六部委《关于加强涉金融严重失信人名单监督管理工作的通知》（发改财金规〔2017〕460号）、国家发展改革委办公厅《关于做好〈关于加强和规范守信联合激励和失信联合惩戒对象名单管理工作的指导意见〉贯彻落实工作的通知》（发改办财金〔2018〕87号）等有关政策要求行业组织发挥失信惩戒作用。按照国家推进信用体系建设和对失信人实施惩戒的总体要求，净化金融生态环境，有效防范金融风险，维护银行业金融机构合法权益，依法惩治逃废银行债务行为，督促失信债务人立即按照合同约定，依法依约履行清偿贷款本息义务，是行业协会发挥职能作用的应有之义。

3. 中银协在开展失信惩戒，推进诚信制度建设方面，还做了哪些工作和有益的探索？

答：银保监会领导高度重视行业协会推进涉金融失信惩戒工作，要求中银协强化维权职能，扎实开展"四个一批"专项治理活动，打击逃废银行债务，切实维护银行权益。中银协把依法保护银行债权，打击逃废银行债务作为重要维权工作来抓，制定了"保权打逃"专项活动方案，根据方案安排，中银协持续开展"四个一批"专项活动，取得了显著效果，极大地提高了会员单位参与热情，并得到了社会的广泛关注和赞誉。

2017年9月22日，中银协筛选出200户严重失信债务人名单并向会员单位下发了《关于对沈阳宏元集团有限公司等 200 户严重失信债务人的内部通报》（银协发〔2017〕147 号），提示各会员单位充分注意被通报严重失信债务人的失信情况，审慎开展授信及其他业务合作。

2018 年 6 月 19 日，中银协联合 41 家银行业金融机构对 140 家严重失信债务人在中银协网站进行首次公告催收债权。中华人民共和国中央人民政府网站以"中银协公布 140 家严重失信人名单"为题在首页进行刊载，《经济日报》《金融时报》等百余家新闻媒体纷纷以醒目标题"中银协公布 140 家严重失信债务人名单，涉及金额 250 亿元"对公示催收债权的公告连续报道，在社会上引起强烈反响，起到了对恶意逃废银行债务企业的震慑作用。

2019 年 1 月 16 日，中银协组织各会员单位，收集整理并向有关人民法院执行机构报送重大疑难执行案件 120 余件，申请督办案件未执行金额高达 211 亿元，涉及 29 个省（市、区）。据了解，有关人民法院执行机构已经开始督促落实执行。

4. 本次公示活动与第一次公示活动相比，有什么新的特点？

答：中银协联合中国建设银行等 77 家银行业金融机构发布对 966 户债务人公示催收债权的公告活动，得到了会员单位的广泛参与，与第一次公示活动相比，呈现出以下新的特点：

一是参与公示的银行业金融机构增多。本次公示活动有 100 余家银行业金融机构申报参与，涉及本息金额高达 2000 多亿元，经过筛选，中银协联合 77 家银行业金融机构开展了本次公示活动，比上次增加 36 家，增幅达 87.8%。

二是公示催收债务人户数多。本次公示户数 966 户，比第一批公示增加 826 户，增幅达 590%。

三是涉及标的巨大。本次公示债务人 966 户，涉及本息金额高达 1969 亿元，比第一批公示增加 1720 亿元，增幅达 690%。金额最大的债务人是海南省三亚市的三亚鹿洲实业有限公司，截至 2019 年 3 月末，拖欠中国东方资产管理股份有限公司本息高达 38.48 亿元。

四是债务人分布区域广泛。从地域上看，涉及 30 个省（市、自治区），比首次公示 26 个省（市、自治区）多 4 个，增幅达 15.4%。

5. 中银协在开展打击逃废银行债务，保护银行债权方面做了很多有益的工作，下一步还有什么打算？

答：开展失信惩戒，打击逃废银行债务，保护银行权益，任重而道远，推进行业信用体系建设是一项长期而系统的工作。中银协将继续完善失信债务人联合惩戒机制，积极促进社会诚信体系建设。

一是完善失信债务人信息管理工作。根据国家有关失信惩戒政策变化和要求，中银协在《逃废银行债务机构名单管理办法》基础上，尽快完成《银行业失信债务人信息管理办法》并及时发布。

二是征集严重失信债务人名单，细化惩戒措施。在全国范围内，严格筛选一批特别严重失信债务人作为失信债务人联合制裁重点，实现"惩戒少数，警戒多数"的目标。

三是根据银保监会《银行业金融机构联合授信管理办法（试行）》的规定，及时修订联合授信成员银行协议、联合授信银企合作协议参考文本，落实好银行业失信惩戒示范合同条款，探索建立将严重失信债务人名单纳入联合授信系统，将"四个一批"工作与联合授信工作紧密结合。

四是编辑出版逃废银行债务典型案例，集中通报银行业严重失信债务人逃废银行债务情况，交流打击逃废银行债务工作经验。

五是努力实现与有关人民法院执行机构的常态化沟通，"督办一批"重大疑难执行案件。

六是对于拒不执行人民法院生效裁判的，符合拒执罪范围构成的，鼓励银行业金融机构提起刑事自诉，依法追究其拒执罪法律责任。

为有效推进银行业失信惩戒工作，中银协还将积极探索对严重失信债务人债务追索的正向激励机制，如对社会各界提供银行业金融机构不掌握且属于失信债务人有效财产信息的给予必要奖励等。我们还将积极向国家有关部门反映银行业金融机构在涉金融失信惩戒方面的诉求，推动《失信惩戒条例（专家建议稿）》等信用立法研究工作，不忘初心，砥砺前行，努力构建以银行业为主体、全社会广泛参与、实现银企良性互动的诚信体系，构建良好的金融生态环境。

9. 涉及金融严重失信人管理的若干问题解析

为贯彻党的十八大提出的"加强政务诚信、商务诚信、社会诚信和司法公信建设"要求，落实《国务院关于印发社会信用体系建设规划纲要（2014—2020年）的通知》（国发〔2014〕21号）和《国务院关于建立完善守信联合激励和失信联合惩戒制度加快推进社会诚信建设的指导意见》（国发〔2016〕33号）文件精神，国家发改委牵头与20个部委签署《关于对涉金融严重失信人实施联合惩戒的合作备忘录》（发改财金规〔2017〕454号），同时与人民银行、银保监会、证监会、商务部、最高人民法院联合签署了《关于加强涉金融严重失信人名单监督管理工作的通知》（发改财金规〔2017〕460号），旨在尽快推进金融领域信用体系建设，建立健全失信人联合惩戒机制，严格落实对涉金融严重失信人的惩戒措施。

一、涉及金融严重失信的主体问题

涉及金融失信主体问题既包括管理主体，即谁来认定涉及金融失信主体，也包括失信行为主体，即哪些金融主体的行为会涉及失信问题。

（一）涉及金融严重失信管理主体

依据法律规定和政策要求，任何国家管理机关均应承担推进信用体系建设的责任，不能因"三定方案"没有列明而拒绝承担相应管理责任。可以说，强化社会信用体系建设人人有责，更是政府有关部门义不容辞的责任。涉及金融领域失信惩戒工作主体比较多，如人民法院通过刑事判决、民事判决或者执行裁决，确认涉及金融失信被执行人。监管机构对有关金融主体进行行政处罚或者行政认定，确定涉及金融严重失信人名单等。依据国家发改委等签署的《关于对涉金融严重失信人实施联合惩戒的合作备忘录》，管理主体至少包括中国人民银行、银保监会、证监会、最高人民法院、国家税务总局、国家市场监督管理总局、国家外汇管理局等21个部委。

（二）涉及金融严重失信惩戒对象

依据《关于对涉金融严重失信人实施联合惩戒的合作备忘录》的规定，联合惩戒对象为列入涉金融严重失信人名单的企业、社会组织和自然人，当事人为企业的，联合惩戒对象为企业及其法定代表人、实际控制人，负有主要责任或者直接领导责任的董事、监事、高级管理人员，负有直接责任的从业人员；当事人为社会组织的，联合惩戒对象为社会组织及其法定代表人和负有直接责任的工作人员；当事人为自然人的，惩戒对象为自然人本人。

涉及金融严重失信主体适用范围主要包括：经国务院金融监管机构批准设立的金融机构，或者依法经登记、备案从事相关金融活动的机构；经相关管理部门批准设立的从事相关金融活动的机构和企业；经工商注册成立的从事相关金融活动的机构和企业；自然人、法人和其他社会组织等金融交易对手或融资主体；以上机构或者企业的法定代表人、董事、监事、高级管理人员，对失信行为负有责任的从业人员；以及国家发改委会同相关管理部门认定的其他涉及金融活动的主体。

值得注意的是，对金融机构能否纳入失信主体的问题存在不同认识。从公平公正角度出发，金融机构、类金融机构、交易机构、金融服务中介等，如在开展各项业务中确实存在严重失信行为，就应当纳入失信惩戒范围，但是不能因为个别机构某一项业务存在夸大宣传而被监管部门罚款几万元，就简单将某一金融机构列入严重失信主体。换言之，金融机构作为经营信用的特殊主体，将其列入严重失信人时，必须考虑可能引发的挤兑风险和区域金融风险，乃至系统性风险。

二、涉及金融严重失信行为的界定问题

失信的本质是违约，失信行为不仅体现于一般民事行为之中，而且可以表现在社会管理的各个方面。广义的失信行为不仅包括民事违约行为，而且还包括行政违法乃至刑事犯罪行为。失信可以按照其程度区分为一般失信行为、严重失信行为和特别严重失信行为。准确界定涉及金融严重失信行为，不仅有利于净化金融信用环境，更有利于联合惩戒金融失信行为。对于涉及金融领域的一般失信行为，虽然其在一定程度损害了缔约相对人的合法权益，但权利人的权利可以通过一定的法律救济路径得以维护，政府部门对失信人进行失信惩戒的必要性并不显著。对于涉及金融领域的主观存在违约故意或行政违法应当界定为严重失信人，对于涉及金融领域的刑事犯罪的恶意失信行为，应当界定为特别严重失信人。相关行政管理部门应该将严重失信行为、特别严重失信行为列入涉及金融严重失信人名单之中。特别是以下几种情形：

一是有能力而不履行债务等恶意逃废债务行为。恶意逃废债务

包括但不限于以下情形，不经债权人同意，以改制、重组、分立、合并、租赁、破产等方式悬空债权；通过非正常关联交易抽逃资金、转移利润、转移资产，致使债权被悬空；以转户和多头开户等方式，蓄意逃避债权人的监督，使债权本息无法收回；故意隐瞒真实情况，提供虚假信息或产权不清的担保，或恶意拒绝补办担保手续；不经债权人同意，擅自处置债权的抵（质）押物，造成债权抵（质）押悬空；隐瞒影响按期偿还债务的重要事项和重大财务变动情况，致使债权处于高风险状况；拒不执行人民法院或仲裁机构已生效的法律文书，继续拖欠债务；不偿还债务又拒不签收债权人催债文书等。

二是一方当事人故意提供虚假情况，或者故意隐瞒真实情况，以及利用其他诈骗手段，骗取对方当事人财产的诈骗行为。诈骗行为不仅违反社会管理秩序，也严重侵害公私财产合法权益。其行为人主观上是出于故意，并且具有非法占有公私财物的目的，客观上行为人实施了诈骗行为，当属严重失信行为。其中诈骗公私财物数额较大的，依法构成诈骗罪，如以欺骗手段取得银行或者其他金融机构贷款、票据承兑、信用证、保函等，给银行或者其他金融机构造成重大损失，或者有其他严重情节的，则构成骗取贷款罪。以非法占有为目的，编造引进资金、项目等虚假理由，使用虚假的合同、证明文件，或者使用虚假的产权证明担保，以及以其他虚构事实隐瞒真相的方法，诈骗银行或其他金融机构的贷款，数额较大的行为则构成贷款诈骗罪。骗取贷款犯罪、贷款诈骗犯罪均是涉及金融领域的特别严重失信行为。

三是非法集资行为或者从事非法证券期货活动。非法集资行为或者从事非法证券期货活动均是违反金融管理秩序的严重失信行为。构成犯罪的非法集资行为主要包括非法吸收公众存款罪和集资诈骗罪。《最高人民法院关于审理非法集资刑事案件具体应用法律若干问题的解释》（法释〔2010〕18号）规定，依照《刑法》第一百七十六条的规定和该解释规定，明确实施11种行为，即以非法吸收公众存款罪定罪处罚，包括不具有房产销售的真实内容或者不以房产销售为主要目的，以返本销售、售后包租、约定回购、销售房产份额等方式非法吸收资金的；以转让林权并代为管护等方式非法吸收资金的；以代种植（养殖）、租种植（养殖）、联合种植（养殖）等方式非法吸收资金的；不具有销售商品、提供服务的真实内容或者不以销售商品、提供服务为主要目的，以商品回购、寄存代售等方式非法吸收资金的；不具有发行股票、债券的真实内容，以虚假转让股权、发售虚构债券等方式非法吸收资金的；不具有募集基金的真实内容，以假借境外基金、发售虚构基金等方式非法吸收资金的；不具有销售保险的真实内容，以假冒保险公司、伪造保险单据等方式非法吸收资金的；以投资入股的方式非法吸收资金的；以委托理财的方式非法吸收资金的；利用民间"会""社"等组织非法吸收资金的；其他非法吸收资金的行为。对违反国家金融管理法律规定，向社会公众（包括单位和个人）吸收资金的行为，同时具备未经有关部门依法批准或者借用合法经营的形式吸收资金，通过媒体、推介会、传单、手机短信等途径向社会公开宣传，承诺在一定期限内以货币、实物、股权等方式还本付息或者给付回报，向社会公众即社会不特定对象吸收资金四个条件的，除《刑法》另有规定的以外，应当认定为《刑法》第一百七十六条规定的"非法吸收公众存款或者变相吸收公众存款"，当然该解释还规定了构成上述两项罪名的数额标准。

从事非法证券期货活动主要是指不具有合法证券期货经营业

务资质的机构和个人，向投资者或客户提供证券期货投资分析、预测或建议等直接或间接有偿咨询服务；不具有合法证券期货经营业务资质的机构和个人通过网络、广电等媒体公开招揽客户，代理客户从事证券期货投资理财的经营活动；未经中国证监会核准，擅自向不特定对象公开发行股票和向特定对象发行股票后股东累计超过200人的股票发行行为，以及公司股东未经中国证监会核准，以公开发行方式向社会公众转让股票，或向特定对象转让股票导致股东累计超过200人的变相公开发行股票行为。上述行为情节严重的可能分别构成诈骗罪、非法经营罪和擅自发行股票、公司、企业债券罪等，这些违法犯罪行为均应属于涉及金融严重失信行为。

四是其他涉及金融犯罪被依法追究刑事责任的行为和因违反金融监管规定被依法处以较重行政处罚的行为。在金融领域，违反国家金融管理法规，破坏国家金融管理秩序的行为时有发生，涉及金融犯罪行为的罪名也很多，如伪造货币罪、高利转贷罪、违法发放贷款罪、洗钱罪等几十种金融犯罪行为。无论是金融违法行为，还是金融犯罪行为，其共同特点是应接受一定的行政或刑事处罚。因金融机构和有关从业人员违反《商业银行法》《银行业监督管理法》《中国人民银行法》《证券法》《保险法》《基金法》《招投标法》《反洗钱法》等涉及金融法律规定，以及按照《金融违法行为处罚办法》《期货交易管理条例》《融资担保公司管理条例》《上市公司收购管理办法》《招投标法实施条例》等法规规定应受处罚的较严重违法行为，均应纳入涉金融严重失信人名单管理。特别值得注意的是，依据《关于对涉金融严重失信人实施联合惩戒的合作备忘录》的规定，涉及金融领域的重要政策也是失信惩戒的重要依据，如《社会信用体系建设规划纲要（2014—2020年）》《国家发展和改革委员会关于推进企业债券市场发展简化发行核准程序有关事项的通知》《最高人民法院等关于建立和完善执行领导机制若干问题的意见》《国务院关于促进市场公平竞争维护市场正常秩序的若干意见》《国务院办公厅关于运用大数据加强对市场主体服务和监管的若干意见》等。

三、涉及金融领域失信管理基本要求

涉及金融领域失信人名单管理不仅涉及名单的认定、报送、公布、修正等一系列基础工作，还涉及如何开展涉及金融领域严重失信行为的联合惩戒问题，其管理水平直接关系到金融领域信用体系建设进程。

作为国家发改委牵头开展的涉金融失信人名单管理工作，有关行政、司法部门应当依据合作备忘录的约定积极配合。《关于加强涉金融严重失信人名单监督管理工作的通知》规定，相关管理部门负责本领域涉及金融严重失信人名单管理工作，制定本领域涉及金融严重失信人名单管理细则，负责本领域涉金融严重失信人名单的列入、移除等管理工作，负责违法违规失信行为主体信息的归集和报送工作。相关管理部门根据人民法院的裁判文书、行政处罚或行政认定决定，确定涉及金融严重失信人名单。相关管理部门通过全国信用信息共享平台报送涉及金融严重失信人名单，形成涉及金融严重失信人数据库。除依法不得公开和特殊情况不宜公开的信息之外，国家发改委通过"信用中国"网站统一向社会公布全国涉及金融严重失信人名单，各级管理部门可以根据本地实际情况，将涉及金融严重失信人名单以网络、出版物等媒介予以公布，包括失信人名称、统一社会信用代码、失信情形、处罚决定等。对纳入全国涉及金融严重失信人的机构和个人，人民法院、发改委以及各相关管理部门依据所适用的法律法规全面开展联合惩戒。相关部门开展联合惩戒可以采取包括但不限于市场准入、限制参加政府采购、限制补贴性资金支持、审慎审批金融业分支机构、限制担任国有企业法定代表人等高级管理人员、禁止参评文明单位与道德模范等措施，同时可以依据有关法律政策规定，将涉及金融严重失信人纳入重点监管对象，加大监管审查频次，并对再次发生违法违规和失信行为的，依法从重处罚。

为保护涉及金融领域当事人的合法权益，《关于加强涉金融严重失信人名单监督管理工作的通知》还明确规定了异议处理、列入期限和失信提醒。对于列入涉及金融严重失信人名单所依据的人民法院裁判文书、行政处罚或行政认定被撤销或变更后不符合适用情形的，列入部门应通过一定程序申请通过全国信用信息共享平台向国家发改委提出移除申请，经审核后移除相关名单。金融活动参与主体对被列入涉及金融严重失信人名单有异议的，可以向列入部门提出书面申诉，并提交相关证明材料。经核实发现确有错误的，应当及时更正。相关政府管理部门在涉金融严重失信人名单管理过程中，如果存在滥用职权、玩忽职守、徇私舞弊等行为，依法应当追究其法律责任。

涉及金融严重失信人的失信行为虽应依法受到惩戒，但惩戒应当体现公平性，即所受到的惩戒应当与失信行为的严重程度相匹配。依据现行失信惩戒政策规定，相关管理部门将符合规定的失信主体纳入失信人名单前，应当告知失信主体。相关机构向涉嫌违反合同约定的融资主体发出通知或催告时，可以提示其可能被列入涉及金融严重失信人名单的风险，履行《合同法》第六十条规定的附随通知义务。相关金融机构可以考虑在有关融资、担保、结算等协议中补充增加失信风险提示条款，有关行业协会可以考虑向会员单位发布涉及金融失信惩戒的示范条款。

四、开展涉及金融失信惩戒工作应处理好的几个关系

开展涉及金融严重失信人惩戒工作是深入贯彻党中央、国务院加快社会信用体系建设决策部署的重要组成部分，不仅有利于维护正常金融秩序，发挥金融服务实体经济的作用，也有利于有效防控金融风险，更有利于助力深化金融体制改革。开展涉及金融严重失信人惩戒工作，必须正确认识并处理好五个方面的关系。

失信管理与征信业务的关系。失信管理与征信业务都与信用有关，但二者之间有着本质区别。涉及金融领域的失信行为是违约违法乃至犯罪行为，是失信主体在金融领域部分信用状况的基本反映。失信惩戒是国家有关部门维护正常金融秩序、强化信用体系建设、实施信用管理的行为。而征信业务是指对企业、事业单位等组织的信用信息和个人的信用信息进行采集、整理、保存、加工，并向信息使用者提供的活动。《征信业管理条例》第二条第三款规定："国家机关以及法律、法规授权的具有管理公共事务职能的组织依照法律、行政法规和国务院的规定，为履行职责进行的企业和个人信息的采集、整理、保存、加工和公布，不适用本条例。"失信管理与征信业务既有联系又有区别，要准确把握失信管理的核心要义，不能将失信管理混同于征信业务，通过有序有效的失信管理推进金融领域信用体系建设。

失信行为与违法犯罪的关系。信者，从人，从言，其本意为人

的言论应当诚实。传统的失信概念往往依靠契约领域民商事行为评判，契约领域的违约行为是典型的失信行为，对此社会各界并无异议，但对于违法乃至犯罪行为是否应当纳入失信行为有着不同的理解。法律是国家制定或认可的，由国家强制力保证实施的，以规定当事人权利和义务为内容的具有普遍约束力的社会规范。可以说，法律是公民与公民之间、公民与国家之间的一种特定权利与义务的契约。违法也是违约行为，犯罪更是严重违约行为。因此，把金融领域行政违法行为、犯罪行为纳入失信管理之中十分必要。让"守信有价值、失信有代价"理念深入人心，让"一处失信、处处受限"落实到金融等社会各个领域，在法治的基础上提高社会信用管理水平。

政策指导与法律规定的关系。近年来，党中央、国务院以及国务院各个部委先后出台了推进社会信用体系建设的一系列政策文件，全社会开展失信惩戒的政策氛围已经形成。政策虽然具有权威性的特点，但是其实践性、时效性更加明显，良好的信用管理政策应当尽快以法律形式进行固化，提高社会信用管理的层级和法律地位。对于涉及金融领域的失信惩戒等问题应当通过修订《银行业监督管理法》《证券法》《保险法》《商业银行法》以及《贷款通则》等规定，把失信惩戒纳入法律法规之中。最高人民法院制定并修改完善了《关于公布失信被执行人名单信息的若干规定》，但是其仅适用于失信被执行人，对于金融领域不诚信申贷、逃废银行债务等违约失信行为的惩戒有效但作用有限。为把涉及金融领域失信惩戒工作纳入法治化轨道，司法部、国家发改委等应尽快启动《失信惩戒条例》立法工作，把失信惩戒工作提升到法制化水平，解决部分政府管理部门对失信惩戒工作不能为、不愿为、不敢为的问题，为政府部门、行业协会等有序开展失信惩戒工作提供法律保障。

失信惩戒与隐私保护的关系。涉及金融领域失信惩戒是社会信用管理重要组成部分，也是金融业依法保护其合法权益的重要工作。同时涉及金融领域的失信惩戒工作还涉及到金融消费者的合法权益问题，尤其是金融消费的隐私权保护问题。开展涉及金融领域失信惩戒必须坚持依法合规的理念，把握好失信惩戒与金融消费者隐私权保护的法律界限。尤其是以通报、公示等"黑名单"方式限制金融消费者权利时，应当制定明晰的惩戒规则，对"黑名单"信息披露范围进行合理的界定，特别注意把握好《民法典》等法律法规对个人信息保护的有关规定，通过规则、合同约定等方式完善失信惩戒流程，避免因失信惩戒活动引发投诉和侵权诉讼等法律风险。

部门管理与行业自律的关系。失信惩戒已然成为政府各部门的一项重要工作任务，但各有关部门普遍未设立专门的信用管理或失信惩戒机构，亦未配备专业人员，在工作任务重、压力大的情况下，深入推进失信惩戒还有很多困难需要克服。为解决管理部门开展涉及金融严重失信人惩戒工作的困难，通过委托或授权行业协会开展失信惩戒工作将成为一种趋势。《关于加强涉金融严重失信人名单监督管理工作的通知》对此作出了组织保障方面的规定，相关管理部门可以联合其他部门和社会组织依法依规对严重失信行为采取惩戒措施，并可以委托或授权行业协会参与或承担上述工作。对此，各有关行业协会应充分发挥自律、维权、协调、服务职能，积极配合政府有关部门开展涉及金融失信惩戒工作。要发挥行业协会为会员单位服务的特定优势，建立健全涉及金融失信人信息管理办法，指导会员单位完善相关合同失信惩戒示范条款，通过大数据方式为会员单位提供涉及授信、融资、担保、结算等信用服务，建立并完善具有行业协会特色的"红黑名单"制度。在政府有关部门的指导下，有序制定协会会员开展涉及金融失信惩戒的行业标准，规范涉及金融行业失信惩戒工作。做好与"信用中国"网站的对接工作，与政府有关管理部门共同努力，建立并逐步完善涉及金融严重失信人惩戒工作机制，加强和创新运用失信惩戒机制治理金融乱象，防控金融风险，增强涉金融主体和广大金融消费者诚信意识，营造良好金融信用环境，为构筑国家金融安全，提升国家整体竞争力作出应有的贡献。

（作者：中国银行业协会首席法律顾问　卜祥瑞）

本文于 2017 年 8 月 17 日发表在《信用中国》网站

附录二

国家有关部门关于完善守信联合激励和失信联合惩戒的文献资料

1.国务院关于印发社会信用体系建设规划纲要（2014—2020年）的通知

国发〔2014〕21号

各省、自治区、直辖市人民政府，国务院各部委、各直属机构：

现将《社会信用体系建设规划纲要（2014—2020年）》印发给你们，请认真贯彻执行。

国务院

2014年6月14日

社会信用体系建设规划纲要（2014—2020 年）

社会信用体系是社会主义市场经济体制和社会治理体制的重要组成部分。它以法律、法规、标准和契约为依据，以健全覆盖社会成员的信用记录和信用基础设施网络为基础，以信用信息合规应用和信用服务体系为支撑，以树立诚信文化理念、弘扬诚信传统美德为内在要求，以守信激励和失信约束为奖惩机制，目的是提高全社会的诚信意识和信用水平。

加快社会信用体系建设是全面落实科学发展观、构建社会主义和谐社会的重要基础，是完善社会主义市场经济体制、加强和创新社会治理的重要手段，对增强社会成员诚信意识，营造优良信用环境，提升国家整体竞争力，促进社会发展与文明进步具有重要意义。

根据党的十八大提出的"加强政务诚信、商务诚信、社会诚信和司法公信建设"，党的十八届三中全会提出的"建立健全社会征信体系，褒扬诚信，惩戒失信"，《中共中央国务院关于加强和创新社会管理的意见》提出的"建立健全社会诚信制度"，以及《中华人民共和国国民经济和社会发展第十二个五年规划纲要》（以下简称"十二五"规划纲要）提出的"加快社会信用体系建设"的总体要求，制定本规划纲要。规划期为 2014—2020 年。

一、社会信用体系建设总体思路

（一）发展现状

党中央、国务院高度重视社会信用体系建设，有关地区、部门和单位探索推进，社会信用体系建设取得积极进展。国务院建立社会信用体系建设部际联席会议制度统筹推进信用体系建设，公布实施《征信业管理条例》，一批信用体系建设的规章和标准相继出台。全国集中统一的金融信用信息基础数据库建成，小微企业和农村信用体系建设积极推进；各部门推动信用信息公开，开展行业信用评价，实施信用分类监管；各行业积极开展诚信宣传教育和诚信自律活动；各地区探索建立综合性信用信息共享平台，促进本地区各部门、各单位的信用信息整合应用；社会对信用服务产品的需求日益上升，信用服务市场规模不断扩大。

我国社会信用体系建设虽然取得一定进展，但与经济发展水平和社会发展阶段不匹配、不协调、不适应的矛盾仍然突出。存在的主要问题包括：覆盖全社会的征信系统尚未形成，社会成员信用记录严重缺失，守信激励和失信惩戒机制尚不健全，守信激励不足，失信成本偏低；信用服务市场不发达，服务体系不成熟，服务行为不规范，服务机构公信力不足，信用信息主体权益保护机制缺失；社会诚信意识和信用水平偏低，履约践诺、诚实守信的社会氛围尚未形成，重特大生产安全事故、食品药品安全事件时有发生，商业欺诈、制假售假、偷逃骗税、虚报冒领、学术不端等现象屡禁不止，政务诚信度、司法公信度离人民群众的期待还有一定差距等。

（二）形势和要求

我国正处于深化经济体制改革和完善社会主义市场经济体制的攻坚期。现代市场经济是信用经济，建立健全社会信用体系，是整顿和规范市场经济秩序、改善市场信用环境、降低交易成本、防范经济风险的重要举措，是减少政府对经济的行政干预、完善社会主义市场经济体制的迫切要求。

我国正处于加快转变发展方式、实现科学发展的战略机遇期。加快推进社会信用体系建设，是促进资源优化配置、扩大内需、促进产业结构优化升级的重要前提，是完善科学发展机制的迫切要求。

我国正处于经济社会转型的关键期。利益主体更加多元化，各种社会矛盾凸显，社会组织形式及管理方式也在发生深刻变化。全面推进社会信用体系建设，是增强社会诚信、促进社会互信、减少社会矛盾的有效手段，是加强和创新社会治理、构建社会主义和谐社会的迫切要求。

我国正处于在更大范围、更宽领域、更深层次上提高开放型经济水平的拓展期。经济全球化使我国对外开放程度不断提高，与其他国家和地区的经济社会交流更加密切。完善社会信用体系，是深化国际合作与交往，树立国际品牌和声誉，降低对外交易成本，提升国家软实力和国际影响力的必要条件，是推动建立客观、公正、合理、平衡的国际信用评级体系，适应全球化新形势，驾驭全球化新格局的迫切要求。

（三）指导思想和目标原则

全面推动社会信用体系建设，必须坚持以邓小平理论、"三个代表"重要思想、科学发展观为指导，按照党的十八大、十八届三中全会和"十二五"规划纲要精神，以健全信用法律法规和标准体系、形成覆盖全社会的征信系统为基础，以推进政务诚信、商务诚信、社会诚信和司法公信建设为主要内容，以推进诚信文化建设、建立守信激励和失信惩戒机制为重点，以推进行业信用建设、地方信用建设和信用服务市场发展为支撑，以提高全社会诚信意识和信用水平、改善经济社会运行环境为目的，以人为本，在全社会广泛形成守信光荣、失信可耻的浓厚氛围，使诚实守信成为全民的自觉行为规范。

社会信用体系建设的主要目标是：到 2020 年，社会信用基础性法律法规和标准体系基本建立，以信用信息资源共享为基础的覆盖全社会的征信系统基本建成，信用监管体制基本健全，信用服务市场体系比较完善，守信激励和失信惩戒机制全面发挥作用。政务诚信、商务诚信、社会诚信和司法公信建设取得明显进展，市场和社会满意度大幅提高。全社会诚信意识普遍增强，经济社会发展信用环境明显改善，经济社会秩序显著好转。

社会信用体系建设的主要原则是：

政府推动，社会共建。充分发挥政府的组织、引导、推动和示范作用。政府负责制定实施发展规划，健全法规和标准，培育和监管信用服务市场。注重发挥市场机制作用，协调并优化资源配置，鼓励和调动社会力量，广泛参与，共同推进，形成社会信用体系建设合力。

健全法制，规范发展。逐步建立健全信用法律法规体系和信用标准体系，加强信用信息管理，规范信用服务体系发展，维护信用信息安全和信息主体权益。

统筹规划，分步实施。针对社会信用体系建设的长期性、系统性和复杂性，强化顶层设计，立足当前，着眼长远，统筹全局，系统规划，有计划、分步骤地组织实施。

重点突破，强化应用。选择重点领域和典型地区开展信用建设示范。积极推广信用产品的社会化应用，促进信用信息互联互通、协同共享，健全社会信用奖惩联动机制，营造诚实、自律、守信、互信的社会信用环境。

二、推进重点领域诚信建设

（一）加快推进政务诚信建设

政务诚信是社会信用体系建设的关键，各类政务行为主体的诚信水平，对其他社会主体诚信建设发挥着重要的表率和导向作用。

坚持依法行政。将依法行政贯穿于决策、执行、监督和服务的全过程，全面推进政务公开，在保护国家信息安全、商业秘密和个人隐私的前提下，依法公开在行政管理中掌握的信用信息，建立有效的信息共享机制。切实提高政府工作效率和服务水平，转变政府职能。健全权力运行制约和监督体系，确保决策权、执行权、监督权既相互制约又相互协调。完善政府决策机制和程序，提高决策透明度。进一步推广重大决策事项公示和听证制度，拓宽公众参与政府决策的渠道，加强对权力运行的社会监督和约束，提升政府公信力，树立政府公开、公平、清廉的诚信形象。

发挥政府诚信建设示范作用。各级人民政府首先要加强自身诚信建设，以政府的诚信施政，带动全社会诚信意识的树立和诚信水平的提高。在行政许可、政府采购、招标投标、劳动就业、社会保障、科研管理、干部选拔任用和管理监督、申请政府资金支持等领域，率先使用信用信息和信用产品，培育信用服务市场发展。

加快政府守信践诺机制建设。严格履行政府向社会作出的承诺，把政务履约和守诺服务纳入政府绩效评价体系，把发展规划和政府工作报告关于经济社会发展目标落实情况以及为百姓办实事的践诺情况作为评价政府诚信水平的重要内容，推动各地区、各部门逐步建立健全政务和行政承诺考核制度。各级人民政府对依法作出的政策承诺和签订的各类合同要认真履约和兑现。要积极营造公平竞争、统一高效的市场环境，不得施行地方保护主义措施，如滥用行政权力封锁市场、包庇纵容行政区域内社会主体的违法违规和失信行为等。要支持统计部门依法统计、真实统计。政府举债要依法依规、规模适度、风险可控、程序透明。政府收支必须强化预算约束，提高透明度。加强和完善群众监督和舆论监督机制。完善政务诚信约束和问责机制。各级人民政府要自觉接受本级人大的法律监督和政协的民主监督。加大监察、审计等部门对行政行为的监督和审计力度。

加强公务员诚信管理和教育。建立公务员诚信档案，依法依规将公务员个人有关事项报告、廉政记录、年度考核结果、相关违法违纪违约行为等信用信息纳入档案，将公务员诚信记录作为干部考核、任用和奖惩的重要依据。深入开展公务员诚信、守法和道德教育，加强法律知识和信用知识学习，编制公务员诚信手册，增强公务员法律和诚信意识，建立一支守法守信、高效廉洁的公务员队伍。

（二）深入推进商务诚信建设

提高商务诚信水平是社会信用体系建设的重点，是商务关系有效维护、商务运行成本有效降低、营商环境有效改善的基本条件，是各类商务主体可持续发展的生存之本，也是各类经济活动高效开展的基础保障。

生产领域信用建设。建立安全生产信用公告制度，完善安全生产承诺和安全生产不良信用记录及安全生产失信行为惩戒制度。以煤矿、非煤矿山、危险化学品、烟花爆竹、特种设备生产企业以及民用爆炸物品生产、销售企业和爆破企业或单位为重点，健全安全生产准入和退出信用审核机制，促进企业落实安全生产主体责任。以食品、药品、日用消费品、农产品和农业投入品为重点，加强各类生产经营主体生产和加工环节的信用管理，建立产品质量信用信息异地和部门间共享制度。推动建立质量信用征信系统，加快完善12365产品质量投诉举报咨询服务平台，建立质量诚信报告、失信黑名单披露、市场禁入和退出制度。

流通领域信用建设。研究制定商贸流通领域企业信用信息征集共享制度，完善商贸流通企业信用评价基本规则和指标体系。推进批发零售、商贸物流、住宿餐饮及居民服务行业信用建设，开展企业信用分类管理。完善零售商与供应商信用合作模式。强化反垄断与反不正当竞争执法，加大对市场混淆行为、虚假宣传、商业欺诈、商业诋毁、商业贿赂等违法行为的查处力度，对典型案件、重大案件予以曝光，增加企业失信成本，促进诚信经营和公平竞争。逐步建立以商品条形码等标识为基础的全国商品流通追溯体系。加强检验检疫质量诚信体系建设。支持商贸服务企业信用融资，发展商业保理，规范预付消费行为。鼓励企业扩大信用销售，促进个人信用消费。推进对外经济贸易信用建设，进一步加强对外贸易、对外援助、对外投资合作等领域的信用信息管理、信用风险监测预警和企业信用等级分类管理。借助电子口岸管理平台，建立完善进出口企业信用评价体系、信用分类管理和联合监管制度。

金融领域信用建设。创新金融信用产品，改善金融服务，维护金融消费者个人信息安全，保护金融消费者合法权益。加大对金融欺诈、恶意逃废银行债务、内幕交易、制售假保单、骗保骗赔、披露虚假信息、非法集资、逃套骗汇等金融失信行为的惩戒力度，规范金融市场秩序。加强金融信用信息基础设施建设，进一步扩大信用记录的覆盖面，强化金融业对守信者的激励作用和对失信者的约束作用。

税务领域信用建设。建立跨部门信用信息共享机制。开展纳税人基础信息、各类交易信息、财产保有和转让信息以及纳税记录等涉税信息的交换、比对和应用工作。进一步完善纳税信用等级评定和发布制度，加强税务领域信用分类管理，发挥信用评定差异对纳税人的奖惩作用。建立税收违法黑名单制度。推进纳税信用与其他社会信用联动管理，提升纳税人税法遵从度。

价格领域信用建设。指导企业和经营者加强价格自律，规范和引导经营者价格行为，实行经营者明码标价和收费公示制度，着力推行"明码实价"。督促经营者加强内部价格管理，根据经营者条件建立健全内部价格管理制度。完善经营者价格诚信制度，做好信息披露工作，推动实施奖惩制度。强化价格执法检查与反垄断执法，依法查处捏造和散布涨价信息、价格欺诈、价格垄断等价格失信行为，对典型案例予以公开曝光，规范市场价格秩序。

工程建设领域信用建设。推进工程建设市场信用体系建设。加快工程建设市场信用法规制度建设，制定工程建设市场各方主体和从业人员信用标准。推进工程建设领域项目信息公开和诚信体系建设，依托政府网站，全面设立项目信息和信用信息公开共享专栏，集中公开工程建设项目信息和信用信息，推动建设全国性的综合检索平台，实现工程建设项目信息和信用信息公开共享的"一站式"综合检索服务。深入开展工程质量诚信建设。完善工程建设市场准入退出制度，加大对发生重大工程质量、安全责任事故或有其他重大失信行为的企业及负有责任的从业人员的惩戒力度。建立企业和从业人员信用评价结果与资质审批、执业资格注册、资质资格取消等审批审核事项的关联管理机制。建立科学、有效的建设领域从业人员信用评价机制和失信责任追溯制度，将肢解发包、转包、违法分包、拖欠工程款和农民工工资等列入失信责任追究范围。

政府采购领域信用建设。加强政府采购信用管理，强化联动惩戒，保护政府采购当事人的合法权益。制定供应商、评审专家、政府采购代理机构以及相关从业人员的信用记录标准。依法建立政府采购供应商不良行为记录名单，对列入不良行为记录名单的供应商，在一定期限内禁止参加政府采购活动。完善政府采购市场的准入和退出机制，充分利用工商、税务、金融、检察等其他部门提供的信用信息，加强对政府采购当事人和相关人员的信用管理。加快建设全国统一的政府采购管理交易系统，提高政府采购活动透明度，实现信用信息的统一发布和共享。

招标投标领域信用建设。扩大招标投标信用信息公开和共享范围，建立涵盖招标投标情况的信用评价指标和评价标准体系，健全招标投标信用信息公开和共享制度。进一步贯彻落实招标投标违法行为记录公告制度，推动完善奖惩联动机制。依托电子招标投标系统及其公共服务平台，实现招标投标和合同履行等信用信息的互联互通、实时交换和整合共享。鼓励市场主体运用基本信用信息和第三方信用评价结果，并将其作为投标人资格审查、评标、定标和合同签订的重要依据。

交通运输领域信用建设。形成部门规章制度和地方性法规、地方政府规章相结合的交通运输信用法规体系。完善信用考核标准，实施分类考核监管。针对公路、铁路、水路、民航、管道等运输市场不同经营门类分别制定考核指标，加强信用考核评价监督管理，积极引导第三方机构参与信用考核评价，逐步建立交通运输管理机构与社会信用评价机构相结合，具有监督、申诉和复核机制的综合考核评价体系。将各类交通运输违法行为列入失信记录。鼓励和支持各单位在采购交通运输服务、招标投标、人员招聘等方面优先选择信用考核等级高的交通运输企业和从业人员。对失信企业和从业人员，要加强监管和惩戒，逐步建立跨地区、跨行业信用奖惩联动机制。

电子商务领域信用建设。建立健全电子商务企业客户信用管理和交易信用评估制度，加强电子商务企业自身开发和销售信用产品的质量监督。推行电子商务主体身份标识制度，完善网店实名制。加强网店产品质量检查，严厉查处电子商务领域制假售假、传销活动、虚假广告、以次充好、服务违约等欺诈行为。打击内外勾结、伪造流量和商业信誉的行为，对失信主体建立行业限期禁入制度。促进电子商务信用信息与社会其他领域相关信息的交换和共享，推动电子商务与线下交易信用评价。完善电子商务信用服务保障制度，推动信用调查、信用评估、信用担保、信用保险、信用支付、商账管理等第三方信用服务和产品在电子商务中的推广应用。开展电子商务网站可信认证服务工作，推广应用网站可信标识，为电子商务用户识别假冒、钓鱼网站提供手段。

统计领域信用建设。开展企业诚信统计承诺活动，营造诚实报数光荣、失信造假可耻的良好风气。完善统计诚信评价标准体系。建立健全企业统计诚信评价制度和统计从业人员诚信档案。加强执法检查，严厉查处统计领域的弄虚作假行为，建立统计失信行为通报和公开曝光制度。加大对统计失信企业的联合惩戒力度。将统计失信企业名单档案及其违法违规信息纳入金融、工商等行业和部门信用信息系统，将统计信用记录与企业融资、政府补贴、工商注册登记等直接挂钩，切实强化对统计失信行为的惩戒和制约。

中介服务业信用建设。建立完善中介服务机构及其从业人员的信用记录和披露制度，并作为市场行政执法部门实施信用分类管理的重要依据。重点加强公证仲裁类、律师类、会计类、担保类、鉴证类、检验检测类、评估类、认证类、代理类、经纪类、职业介绍类、咨询类、交易类等机构信用分类管理，探索建立科学合理的评估指标体系、评估制度和工作机制。

会展、广告领域信用建设。推动展会主办机构诚信办展，践行诚信服务公约，建立信用档案和违法违规单位信息披露制度，推广信用服务和产品的应用。加强广告业诚信建设，建立健全广告业信用分类管理制度，打击各类虚假广告，突出广告制作、传播环节各参与者责任，完善广告活动主体失信惩戒机制和严重失信淘汰机制。

企业诚信管理制度建设。开展各行业企业诚信承诺活动，加大诚信企业示范宣传和典型失信案件曝光力度，引导企业增强社会责任感，在生产经营、财务管理和劳动用工管理等各环节中强化信用自律，改善商务信用生态环境。鼓励企业建立客户档案、开展客户诚信评价，将客户诚信交易记录纳入应收账款管理、信用销售授信额度计量，建立科学的企业信用管理流程，防范信用风险，提升企业综合竞争力。强化企业在发债、借款、担保等债权债务信用交易及生产经营活动中诚信履约。鼓励和支持有条件的企业设立信用管理师。鼓励企业建立内部职工诚信考核与评价制度。加强供水、供电、供热、燃气、电信、铁路、航空等关系人民群众日常生活行业企业的自身信用建设。

（三）全面推进社会诚信建设

社会诚信是社会信用体系建设的基础，社会成员之间只有以诚相待、以信为本，才会形成和谐友爱的人际关系，才能促进社会文明进步，实现社会和谐稳定和长治久安。

医药卫生和计划生育领域信用建设。加强医疗卫生机构信用管理和行业诚信作风建设。树立大医精诚的价值理念，坚持仁心仁术的执业操守。培育诚信执业、诚信采购、诚信诊疗、诚信收费、诚信医保理念，坚持合理检查、合理用药、合理治疗、合理收费等诚信医疗服务准则，全面建立药品价格、医疗服务价格公示制度，开展诚信医院、诚信药店创建活动，制定医疗机构和执业医师、药师、护士等医务人员信用评价指标标准，推进医院评审评价和医师定期考核，开展医务人员医德综合评价，惩戒收受贿赂、过度诊疗等违法和失信行为，建立诚信医疗服务体系。加快完善药品安全领域信用制度，建立药品研发、生产和流通企业信用档案。积极开展以"诚信至上，以质取胜"为主题的药品安全诚信承诺活动，切实提高药品安全信用监管水平，严厉打击制假贩假行为，保障人民群众用药安全有效。加强人口计生领域信用建设，开展人口和计划生育信用信息共享工作。

社会保障领域信用建设。在救灾、救助、养老、社会保险、慈善、彩票等方面，建立全面的诚信制度，打击各类诈捐骗捐等失信行为。建立健全社会救助、保障性住房等民生政策实施中的申请、审核、退出等各环节的诚信制度，加强对申请相关民生政策的条件审核，强化对社会救助动态管理及保障房使用的监管，将失信和违规的个人纳入信用黑名单。构建居民家庭经济状况核对信息系统，建立和完善低收入家庭认定机制，确保社会救助、保障性住房等民生政策公平、公正和健康运行。建立健全社会保险诚信管理制度，加强社会保险经办管理，加强社会保险领域的劳动保障监督执法，规范参保缴费行为，加大对医保定点医院、定点药店、工伤保险协议医疗机构等社会保险协议服务机构及其工作人员、各类参保人员的违规、欺诈、骗保等行为的惩戒力度，防止和打击各种骗保行为。进一步完善社会保险基金管理制度，提高基金征收、管理、支付等各环节的透明度，推动社会保险诚信制度建设，规范参保缴费行为，确保社会保险基金的安全运行。

劳动用工领域信用建设。进一步落实和完善企业劳动保障守法诚信制度，制定重大劳动保障违法行为社会公示办法。建立用人单位拖欠工资违法行为公示制度，健全用人单位劳动保障诚信等级评价办法。规范用工行为，加强对劳动合同履行和仲裁的管理，推动企业积极开展和谐劳动关系创建活动。加强劳动保障监督执法，加大对违法行为的打击力度。加强人力资源市场诚信建设，规范职业中介行为，打击各种黑中介、黑用工等违法失信行为。

教育、科研领域信用建设。加强教师和科研人员诚信教育。开展教师诚信承诺活动，自觉接受广大学生、家长和社会各界的监督。

发挥教师诚信执教、为人师表的影响作用。加强学生诚信教育，培养诚实守信良好习惯，为提高全民族诚信素质奠定基础。探索建立教育机构及其从业人员、教师和学生、科研机构和科技社团及科研人员的信用评价制度，将信用评价与考试招生、学籍管理、学历学位授予、科研项目立项、专业技术职务评聘、岗位聘用、评选表彰等挂钩，努力解决学历造假、论文抄袭、学术不端、考试招生作弊等问题。

文化、体育、旅游领域信用建设。依托全国文化市场技术监管与公共服务平台，建立健全娱乐、演出、艺术品、网络文化等领域文化企业主体、从业人员以及文化产品的信用信息数据库；依法制定文化市场诚信管理措施，加强文化市场动态监管。制定职业体育从业人员诚信从业准则，建立职业体育从业人员、职业体育俱乐部和中介企业信用等级的第三方评估制度，推进相关信用信息记录和信用评级在参加或举办职业体育赛事、职业体育准入、转会等方面广泛运用。制定旅游从业人员诚信服务准则，建立旅游业消费者意见反馈和投诉记录与公开制度，建立旅行社、旅游景区和宾馆饭店信用等级第三方评估制度。

知识产权领域信用建设。建立健全知识产权诚信管理制度，出台知识产权保护信用评价办法。重点打击侵犯知识产权和制售假冒伪劣商品行为，将知识产权侵权行为信息纳入失信记录，强化对盗版侵权等知识产权侵权失信行为的联合惩戒，提升全社会的知识产权保护意识。开展知识产权服务机构信用建设，探索建立各类知识产权服务标准化体系和诚信评价制度。

环境保护和能源节约领域信用建设。推进国家环境监测、信息与统计能力建设，加强环保信用数据的采集和整理，实现环境保护工作业务协同和信息共享，完善环境信息公开目录。建立环境管理、监测信息公开制度。完善环评文件责任追究机制，建立环评机构及其从业人员、评估专家诚信档案数据库，强化对环评机构及其从业人员、评估专家的信用考核分类监管。建立企业对所排放污染物开展自行监测并公布污染物排放情况以及突发环境事件发生和处理情况制度。建立企业环境行为信用评价制度，定期发布评价结果，并组织开展动态分类管理，根据企业的信用等级予以相应的鼓励、警示或惩戒。完善企业环境行为信用信息共享机制，加强与银行、证券、保险、商务等部门的联动。加强国家能源利用数据统计、分析与信息上报能力建设。加强重点用能单位节能目标责任考核，定期公布考核结果，研究建立重点用能单位信用评价机制。强化对能源审计、节能评估和审查机构及其从业人员的信用评级和监管。研究开展节能服务公司信用评价工作，并逐步向全社会定期发布信用评级结果。加强对环资项目评审专家从业情况的信用考核管理。

社会组织诚信建设。依托法人单位信息资源库，加快完善社会组织登记管理信息。健全社会组织信息公开制度，引导社会组织提升运作的公开性和透明度，规范社会组织信息公开行为。把诚信建设内容纳入各类社会组织章程，强化社会组织诚信自律，提高社会组织公信力。发挥行业协会（商会）在行业信用建设中的作用，加强会员诚信宣传教育和培训。

自然人信用建设。突出自然人信用建设在社会信用体系建设中的基础性作用，依托国家人口信息资源库，建立完善自然人在经济社会活动中的信用记录，实现全国范围内自然人信用记录全覆盖。加强重点人群职业信用建设，建立公务员、企业法定代表人、律师、会计从业人员、注册会计师、统计从业人员、注册税务师、审计师、评估师、认证和检验检测从业人员、证券期货从业人员、上市公司高管人员、保险经纪人、医务人员、教师、科研人员、专利服务从业人员、项目经理、新闻媒体从业人员、导游、执业兽医等人员信用记录，推广使用职业信用报告，引导职业道德建设与行为规范。

互联网应用及服务领域信用建设。大力推进网络诚信建设，培育依法办网、诚信用网理念，逐步落实网络实名制，完善网络信用建设的法律保障，大力推进网络信用监管机制建设。建立网络信用评价体系，对互联网企业的服务经营行为、上网人员的网上行为进行信用评估，记录信用等级。建立涵盖互联网企业、上网个人的网络信用档案，积极推进建立网络信用信息与社会其他领域相关信用信息的交换共享机制，大力推动网络信用信息在社会各领域推广应用。建立网络信用黑名单制度，将实施网络欺诈、造谣传谣、侵害他人合法权益等严重网络失信行为的企业、个人列入黑名单，对列入黑名单的主体采取网上行为限制、行业禁入等措施，通报相关部门并进行公开曝光。

（四）大力推进司法公信建设

司法公信是社会信用体系建设的重要内容，是树立司法权威的前提，是社会公平正义的底线。

法院公信建设。提升司法审判信息化水平，实现覆盖审判工作全过程的全国四级法院审判信息互联互通。推进强制执行案件信息公开，完善执行联动机制，提高生效法律文书执行率。发挥审判职能作用，鼓励诚信交易、倡导互信合作，制裁商业欺诈和恣意违约毁约等失信行为，引导诚实守信风尚。

检察公信建设。进一步深化检务公开，创新检务公开的手段和途径，广泛听取群众意见，保障人民群众对检察工作的知情权、参与权、表达权和监督权。继续推行"阳光办案"，严格管理制度，强化内外部监督，建立健全专项检查、同步监督、责任追究机制。充分发挥法律监督职能作用，加大查办和预防职务犯罪力度，促进诚信建设。完善行贿犯罪档案查询制度，规范和加强查询工作管理，建立健全行贿犯罪档案查询与应用的社会联动机制。

公共安全领域公信建设。全面推行"阳光执法"，依法及时公开执法办案的制度规范、程序时限等信息，对于办案进展等不宜向社会公开，但涉及特定权利义务、需要特定对象知悉的信息，应当告知特定对象，或者为特定对象提供查询服务。进一步加强人口信息同各地区、各部门信息资源的交换和共享，完善国家人口信息资源库建设。将公民交通安全违法情况纳入诚信档案，促进全社会成员提高交通安全意识。定期向社会公开火灾高危单位消防安全评估结果，并作为单位信用等级的重要参考依据。将社会单位遵守消防安全法律法规情况纳入诚信管理，强化社会单位消防安全主体责任。

司法行政系统公信建设。进一步提高监狱、戒毒场所、社区矫正机构管理的规范化、制度化水平，维护服刑人员、戒毒人员、社区矫正人员合法权益。大力推进司法行政信息公开，进一步规范和创新律师、公证、基层法律服务、法律援助、司法考试、司法鉴定等信息管理和披露手段，保障人民群众的知情权。

司法执法和从业人员信用建设。建立各级公安、司法行政等工作人员信用档案，依法依规将徇私枉法以及不作为等不良记录纳入档案，并作为考核评价和奖惩依据。推进律师、公证员、基层法律服务工作者、法律援助人员、司法鉴定人员等诚信规范执业。建立司法从业人员诚信承诺制度。

健全促进司法公信的制度基础。深化司法体制和工作机制改革，推进执法规范化建设，严密执法程序，坚持有法必依、违法必究和法律面前人人平等，提高司法工作的科学化、制度化和规范化水平。充分发挥人大、政协和社会公众对司法工作的监督作用，完善司法机关之间的相互监督制约机制，强化司法机关的内部监督，实现以监督促公平、促公正、促公信。

三、加强诚信教育与诚信文化建设

诚信教育与诚信文化建设是引领社会成员诚信自律、提升社会成员道德素养的重要途径，是社会主义核心价值体系建设的重要内容。

（一）普及诚信教育

以建设社会主义核心价值体系、培育和践行社会主义核心价值观为根本，将诚信教育贯穿公民道德建设和精神文明创建全过程。推进公民道德建设工程，加强社会公德、职业道德、家庭美德和个人品德教育，传承中华传统美德，弘扬时代新风，在全社会形成"以诚实守信为荣、以见利忘义为耻"的良好风尚。

在各级各类教育和培训中进一步充实诚信教育内容。大力开展信用宣传普及教育进机关、进企业、进学校、进社区、进村屯、进家庭活动。

建好用好道德讲堂，倡导爱国、敬业、诚信、友善等价值理念和道德规范。开展群众道德评议活动，对诚信缺失、不讲信用现象进行分析评议，引导人们诚实守信、遵德守礼。

（二）加强诚信文化建设

弘扬诚信文化。以社会成员为对象，以诚信宣传为手段，以诚信教育为载体，大力倡导诚信道德规范，弘扬中华民族积极向善、诚实守信的传统文化和现代市场经济的契约精神，形成崇尚诚信、践行诚信的社会风尚。

树立诚信典型。充分发挥电视、广播、报纸、网络等媒体的宣传引导作用，结合道德模范评选和各行业诚信创建活动，树立社会诚信典范，使社会成员学有榜样、赶有目标，使诚实守信成为全社会的自觉追求。

深入开展诚信主题活动。有步骤、有重点地组织开展"诚信活动周"、"质量月"、"安全生产月"、"诚信兴商宣传月"、"3·5"学雷锋活动日、"3·15"国际消费者权益保护日、"6·14"信用记录关爱日、"12·4"全国法制宣传日等公益活动，突出诚信主题，营造诚信和谐的社会氛围。

大力开展重点行业领域诚信问题专项治理。深入开展道德领域突出问题专项教育和治理活动，针对诚信缺失问题突出、诚信建设需求迫切的行业领域开展专项治理，坚决纠正以权谋私、造假欺诈、见利忘义、损人利己的歪风邪气，树立行业诚信风尚。

（三）加快信用专业人才培养

加强信用管理学科专业建设。把信用管理列为国家经济体制改革与社会治理发展急需的新兴、重点学科，支持有条件的高校设置信用管理专业或开设相关课程，在研究生培养中开设信用管理研究方向。开展信用理论、信用管理、信用技术、信用标准、信用政策等方面研究。

加强信用管理职业培训与专业考评。建立健全信用管理职业培训与专业考评制度。推广信用管理职业资格培训，培养信用管理专业化队伍。促进和加强信用从业人员、信用管理人员的交流与培训，为社会信用体系建设提供人力资源支撑。

四、加快推进信用信息系统建设和应用

健全社会成员信用记录是社会信用体系建设的基本要求。发挥行业、地方、市场的力量和作用，加快推进信用信息系统建设，完善信用信息的记录、整合和应用，是形成守信激励和失信惩戒机制的基础和前提。

（一）行业信用信息系统建设

加强重点领域信用记录建设。以工商、纳税、价格、进出口、安全生产、产品质量、环境保护、食品药品、医疗卫生、知识产权、流通服务、工程建设、电子商务、交通运输、合同履约、人力资源和社会保障、教育科研等领域为重点，完善行业信用记录和从业人员信用档案。

建立行业信用信息数据库。各部门要以数据标准化和应用标准化为原则，依托国家各项重大信息化工程，整合行业内的信用信息资源，实现信用记录的电子化存储，加快建设信用信息系统，加快推进行业间信用信息互联互通。各行业分别负责本行业信用信息的组织与发布。

（二）地方信用信息系统建设

加快推进政务信用信息整合。各地区要对本地区各部门、各单位履行公共管理职能过程中产生的信用信息进行记录、完善、整合，形成统一的信用信息共享平台，为企业、个人和社会征信机构等查询政务信用信息提供便利。

加强地区内信用信息的应用。各地区要制定政务信用信息公开目录，形成信息公开的监督机制。大力推进本地区各部门、各单位政务信用信息的交换与共享，在公共管理中加强信用信息应用，提高履职效率。

（三）征信系统建设

加快征信系统建设。征信机构开展征信业务，应建立以企事业单位及其他社会组织、个人为对象的征信系统，依法采集、整理、保存、加工企事业单位及其他社会组织、个人的信用信息，并采取合理措施保障信用信息的准确性。各地区、各行业要支持征信机构建立征信系统。

对外提供专业化征信服务。征信机构要根据市场需求，对外提供专业化的征信服务，有序推进信用服务产品创新。建立健全并严格执行内部风险防范、避免利益冲突和保障信息安全的规章制度，依法向客户提供方便、快捷、高效的征信服务，进一步扩大信用报告在银行业、证券业、保险业及政府部门行政执法等多种领域中的应用。

（四）金融业统一征信平台建设

完善金融信用信息基础数据库。继续推进金融信用信息基础数据库建设，提升数据质量，完善系统功能，加强系统安全运行管理，进一步扩大信用报告的覆盖范围，提升系统对外服务水平。

推动金融业统一征信平台建设。继续推动银行、证券、保险、外汇等金融管理部门之间信用信息系统的链接，推动金融业统一征信平台建设，推进金融监管部门信用信息的交换与共享。

（五）推进信用信息的交换与共享

逐步推进政务信用信息的交换与共享。各地区、各行业要以需求为导向，在保护隐私、责任明确、数据及时准确的前提下，按照风险分散的原则，建立信用信息交换共享机制，统筹利用现有信用信息系统基础设施，依法推进各信用信息系统的互联互通和信用信息的交换共享，逐步形成覆盖全部信用主体、所有信用信息类别、全国所有区域的信用信息网络。各行业主管部门要对信用信息进行分类分级管理，确定查询权限，特殊查询需求特殊申请。

依法推进政务信用信息系统与征信系统间的信息交换与共享。发挥市场激励机制的作用，鼓励社会征信机构加强对已公开政务信用信息和非政务信用信息的整合，建立面向不同对象的征信服务产品体系，满足社会多层次、多样化和专业化的征信服务需求。

五、完善以奖惩制度为重点的社会信用体系运行机制

运行机制是保障社会信用体系各系统协调运行的制度基础。其中，守信激励和失信惩戒机制直接作用于各个社会主体信用行为，是社会信用体系运行的核心机制。

（一）构建守信激励和失信惩戒机制

加强对守信主体的奖励和激励。加大对守信行为的表彰和宣传力度。按规定对诚信企业和模范个人给予表彰，通过新闻媒体广泛宣传，营造守信光荣的舆论氛围。发展改革、财政、金融、环境保护、住房城乡建设、交通运输、商务、工商、税务、质检、安全监管、海关、知识产权等部门，在市场监管和公共服务过程中，要深

化信用信息和信用产品的应用，对诚实守信者实行优先办理、简化程序等"绿色通道"支持激励政策。

加强对失信主体的约束和惩戒。强化行政监管性约束和惩戒。在现有行政处罚措施的基础上，健全失信惩戒制度，建立各行业黑名单制度和市场退出机制。推动各级人民政府在市场监管和公共服务的市场准入、资质认定、行政审批、政策扶持等方面实施信用分类监管，结合监管对象的失信类别和程度，使失信者受到惩戒。逐步建立行政许可申请人信用承诺制度，并开展申请人信用审查，确保申请人在政府推荐的征信机构中有信用记录，配合征信机构开展信用信息采集工作。推动形成市场性约束和惩戒。制定信用基准性评价指标体系和评价方法，完善失信信息记录和披露制度，使失信者在市场交易中受到制约。推动形成行业性约束和惩戒。通过行业协会制定行业自律规则并监督会员遵守。对违规的失信者，按照情节轻重，对机构会员和个人会员实行警告、行业内通报批评、公开谴责等惩戒措施。推动形成社会性约束和惩戒。完善社会舆论监督机制，加强对失信行为的披露和曝光，发挥群众评议讨论、批评报道等作用，通过社会的道德谴责，形成社会震慑力，约束社会成员的失信行为。

建立失信行为有奖举报制度。切实落实对举报人的奖励，保护举报人的合法权益。

建立多部门、跨地区信用联合奖惩机制。通过信用信息交换共享，实现多部门、跨地区信用奖惩联动，使守信者处处受益、失信者寸步难行。

（二）建立健全信用法律法规和标准体系

完善信用法律法规体系。推进信用立法工作，使信用信息征集、查询、应用、互联互通、信用信息安全和主体权益保护等有法可依。出台《征信业管理条例》相关配套制度和实施细则，建立异议处理、投诉办理和侵权责任追究制度。

推进行业、部门和地方信用制度建设。各地区、各部门分别根据本地区、相关行业信用体系建设的需要，制定地区或行业信用建设的规章制度，明确信用信息记录主体的责任，保证信用信息的客观、真实、准确和及时更新，完善信用信息共享公开制度，推动信用信息资源的有序开发利用。

建立信用信息分类管理制度。制定信用信息目录，明确信用信息分类，按照信用信息的属性，结合保护个人隐私和商业秘密，依法推进信用信息在采集、共享、使用、公开等环节的分类管理。加大对贩卖个人隐私和商业秘密行为的查处力度。

加快信用信息标准体系建设。制定全国统一的信用信息采集和分类管理标准，统一信用指标目录和建设规范。

建立统一社会信用代码制度。建立自然人、法人和其他组织统一社会信用代码制度。完善相关制度标准，推动在经济社会活动中广泛使用统一社会信用代码。

（三）培育和规范信用服务市场

发展各类信用服务机构。逐步建立公共信用服务机构和社会信用服务机构互为补充、信用信息基础服务和增值服务相辅相成的多层次、全方位的信用服务组织体系。

推进并规范信用评级行业发展。培育发展本土评级机构，增强我国评级机构的国际影响力。规范发展信用评级市场，提高信用评级行业的整体公信力。探索创新双评级、再评级制度。鼓励我国评级机构参与国际竞争和制定国际标准，加强与其他国家信用评级机构的协调和合作。

推动信用服务产品广泛运用。拓展信用服务产品应用范围，加大信用服务产品在社会治理和市场交易中的应用。鼓励信用服务产品开发和创新，推动信用保险、信用担保、商业保理、履约担保、信用管理咨询及培训等信用服务业务发展。

建立政务信用信息有序开放制度。明确政务信用信息的开放分类和基本目录，有序扩大政务信用信息对社会的开放，优化信用调查、信用评级和信用管理等行业的发展环境。

完善信用服务市场监管体制。根据信用服务市场、机构业务的不同特点，依法实施分类监管，完善监管制度，明确监管职责，切实维护市场秩序。推动制定信用服务相关法律制度，建立信用服务机构准入与退出机制，实现从业资格认定的公开透明，进一步完善信用服务业务规范，促进信用服务业健康发展。

推动信用服务机构完善法人治理。强化信用服务机构内部控制，完善约束机制，提升信用服务质量。

加强信用服务机构自身信用建设。信用服务机构要确立行为准则，加强规范管理，提高服务质量，坚持公正性和独立性，提升公信力。鼓励各类信用服务机构设立首席信用监督官，加强自身信用管理。

加强信用服务行业自律。推动建立信用服务行业自律组织，在组织内建立信用服务机构和从业人员基本行为准则和业务规范，强化自律约束，全面提升信用服务机构诚信水平。

（四）保护信用信息主体权益

健全信用信息主体权益保护机制。充分发挥行政监管、行业自律和社会监督在信用信息主体权益保护中的作用，综合运用法律、经济和行政等手段，切实保护信用信息主体权益。加强对信用信息主体的引导教育，不断增强其维护自身合法权益的意识。

建立自我纠错、主动自新的社会鼓励与关爱机制。以建立针对未成年人失信行为的教育机制为重点，通过对已悔过改正旧有轻微失信行为的社会成员予以适当保护，形成守信正向激励机制。

建立信用信息侵权责任追究机制。制定信用信息异议处理、投诉办理、诉讼管理制度及操作细则。进一步加大执法力度，对信用服务机构泄露国家秘密、商业秘密和侵犯个人隐私等违法行为，依法予以严厉处罚。通过各类媒体披露各种侵害信息主体权益的行为，强化社会监督作用。

（五）强化信用信息安全管理

健全信用信息安全管理体制。完善信用信息保护和网络信任体系，建立健全信用信息安全监控体系。加大信用信息安全监督检查力度，开展信用信息安全风险评估，实行信用信息安全等级保护。开展信用信息系统安全认证，加强信用信息服务系统安全管理。建立和完善信用信息安全应急处理机制。加强信用信息安全基础设施建设。

加强信用服务机构信用信息安全内部管理。强化信用服务机构信息安全防护能力，加大安全保障、技术研发和资金投入，高起点、高标准建设信用信息安全保障系统。依法制定和实施信用信息采集、整理、加工、保存、使用等方面的规章制度。

六、建立实施支撑体系

（一）强化责任落实

各地区、各部门要统一思想，按照本规划纲要总体要求，成立规划纲要推进小组，根据职责分工和工作实际，制定具体落实方案。

各地区、各部门要定期对本地区、相关行业社会信用体系建设情况进行总结和评估，及时发现问题并提出改进措施。

对社会信用体系建设成效突出的地区、部门和单位，按规定予以表彰。对推进不力、失信现象多发地区、部门和单位的负责人，按规定实施行政问责。

（二）加大政策支持

各级人民政府要根据社会信用体系建设需要，将应由政府负担的经费纳入财政预算予以保障。加大对信用基础设施建设、重点领域创新示范工程等方面的资金支持。

鼓励各地区、各部门结合规划纲要部署和自身工作实际，在社会信用体系建设创新示范领域先行先试，并在政府投资、融资安排等方面给予支持。

（三）实施专项工程

政务信息公开工程。深入贯彻实施《中华人民共和国政府信息公开条例》，按照主动公开、依申请公开进行分类管理，切实加大政务信息公开力度，树立公开、透明的政府形象。

农村信用体系建设工程。为农户、农场、农民合作社、休闲农业和农产品生产、加工企业等农村社会成员建立信用档案，夯实农村信用体系建设的基础。开展信用户、信用村、信用乡（镇）创建活动，深入推进青年信用示范户工作，发挥典型示范作用，使农民在参与中受到教育，得到实惠，在实践中提高信用意识。推进农产品生产、加工、流通企业和休闲农业等涉农企业信用建设。建立健全农民信用联保制度，推进和发展农业保险，完善农村信用担保体系。

小微企业信用体系建设工程。建立健全适合小微企业特点的信用记录和评价体系，完善小微企业信用信息查询、共享服务网络及区域性小微企业信用记录。引导各类信用服务机构为小微企业提供信用服务，创新小微企业集合信用服务方式，鼓励开展形式多样的小微企业诚信宣传和培训活动，为小微企业便利融资和健康发展营造良好的信用环境。

（四）推动创新示范

地方信用建设综合示范。示范地区率先对本地区各部门、各单位的信用信息进行整合，形成统一的信用信息共享平台，依法向社会有序开放。示范地区各部门在开展经济社会管理和提供公共服务过程中，强化使用信用信息和信用产品，并作为政府管理和服务的必备要件。建立健全社会信用奖惩联动机制，使守信者得到激励和奖励，失信者受到制约和惩戒。对违法违规等典型失信行为予以公开，对严重失信行为加大打击力度。探索建立地方政府信用评价标准和方法，在发行地方政府债券等符合法律法规规定的信用融资活动中试行开展地方政府综合信用评价。

区域信用建设合作示范。探索建立区域信用联动机制，开展区域信用体系建设创新示范，推进信用信息交换共享，实现跨地区信用奖惩联动，优化区域信用环境。

重点领域和行业信用信息应用示范。在食品药品安全、环境保护、安全生产、产品质量、工程建设、电子商务、证券期货、融资担保、政府采购、招标投标等领域，试点推行信用报告制度。

（五）健全组织保障

完善组织协调机制。完善社会信用体系建设部际联席会议制度，充分发挥其统筹协调作用，加强对各地区、各部门社会信用体系建设工作的指导、督促和检查。健全组织机构，各地区、各部门要设立专门机构负责推动社会信用体系建设。成立全国性信用协会，加强行业自律，充分发挥各类社会组织在推进社会信用体系建设中的作用。

建立地方政府推进机制。地方各级人民政府要将社会信用体系建设纳入重要工作日程，推进政务诚信、商务诚信、社会诚信和司法公信建设，加强督查，强化考核，把社会信用体系建设工作作为目标责任考核和政绩考核的重要内容。

建立工作通报和协调制度。社会信用体系建设部际联席会议定期召开工作协调会议，通报工作进展情况，及时研究解决社会信用体系建设中的重大问题。

2.国务院关于建立完善守信联合激励和失信联合惩戒制度加快推进社会诚信建设的指导意见

国发〔2016〕33号

各省、自治区、直辖市人民政府，国务院各部委、各直属机构：

健全社会信用体系，加快构建以信用为核心的新型市场监管体制，有利于进一步推动简政放权和政府职能转变，营造公平诚信的市场环境。为建立完善守信联合激励和失信联合惩戒制度，加快推进社会诚信建设，现提出如下意见。

一、总体要求

（一）指导思想

全面贯彻党的十八大和十八届三中、四中、五中全会精神，深入贯彻习近平总书记系列重要讲话精神，按照党中央、国务院决策部署，紧紧围绕"四个全面"战略布局，牢固树立创新、协调、绿色、开放、共享发展理念，落实加强和创新社会治理要求，加快推进社会信用体系建设，加强信用信息公开和共享，依法依规运用信用激励和约束手段，构建政府、社会共同参与的跨地区、跨部门、跨领域的守信联合激励和失信联合惩戒机制，促进市场主体依法诚信经营，维护市场正常秩序，营造诚信社会环境。

（二）基本原则

褒扬诚信，惩戒失信。充分运用信用激励和约束手段，加大对诚信主体激励和对严重失信主体惩戒力度，让守信者受益、失信者受限，形成褒扬诚信、惩戒失信的制度机制。

部门联动，社会协同。通过信用信息公开和共享，建立跨地区、跨部门、跨领域的联合激励与惩戒机制，形成政府部门协同联动、行业组织自律管理、信用服务机构积极参与、社会舆论广泛监督的共同治理格局。

依法依规，保护权益。严格依照法律法规和政策规定，科学界定守信和失信行为，开展守信联合激励和失信联合惩戒。建立健全信用修复、异议申诉等机制，保护当事人合法权益。

突出重点，统筹推进。坚持问题导向，着力解决当前危害公共利益和公共安全、人民群众反映强烈、对经济社会发展造成重大负面影响的重点领域失信问题。鼓励支持地方人民政府和有关部门创新示范，逐步将守信激励和失信惩戒机制推广到经济社会各领域。

二、健全褒扬和激励诚信行为机制

（三）多渠道选树诚信典型。将有关部门和社会组织实施信用分类监管确定的信用状况良好的行政相对人、诚信道德模范、优秀青年志愿者，行业协会商会推荐的诚信会员，新闻媒体挖掘的诚信主体等树立为诚信典型。鼓励有关部门和社会组织在监管和服务中建立各类主体信用记录，向社会推介无不良信用记录者和有关诚信典型，联合其他部门和社会组织实施守信激励。鼓励行业协会商会完善会员企业信用评价机制。引导企业主动发布综合信用承诺或产品服务质量等专项承诺，开展产品服务标准等自我声明公开，接受社会监督，形成企业争做诚信模范的良好氛围。

（四）探索建立行政审批"绿色通道"。在办理行政许可过程中，对诚信典型和连续三年无不良信用记录的行政相对人，可根据实际情况实施"绿色通道"和"容缺受理"等便利服务措施。对符合条件的行政相对人，除法律法规要求提供的材料外，部分申报材料不齐备的，如其书面承诺在规定期限内提供，应先行受理，加快办理进度。

（五）优先提供公共服务便利。在实施财政性资金项目安排、招商引资配套优惠政策等各类政府优惠政策中，优先考虑诚信市场主体，加大扶持力度。在教育、就业、创业、社会保障等领域对诚信个人给予重点支持和优先便利。在有关公共资源交易活动中，提倡依法依约对诚信市场主体采取信用加分等措施。

（六）优化诚信企业行政监管安排。各级市场监管部门应根据监管对象的信用记录和信用评价分类，注重运用大数据手段，完善事中事后监管措施，为市场主体提供便利化服务。对符合一定条件的诚信企业，在日常检查、专项检查中优化检查频次。

（七）降低市场交易成本。鼓励有关部门和单位开发"税易贷"、"信易贷"、"信易债"等守信激励产品，引导金融机构和商业销售机构等市场服务机构参考使用市场主体信用信息、信用积分和信用评价结果，对诚信市场主体给予优惠和便利，使守信者在市场中获得更多机会和实惠。

（八）大力推介诚信市场主体。各级人民政府有关部门应将诚信市场主体优良信用信息及时在政府网站和"信用中国"网站进行公示，在会展、银企对接等活动中重点推介诚信企业，让信用成为市场配置资源的重要考量因素。引导征信机构加强对市场主体正面信息的采集，在诚信问题反映较为集中的行业领域，对守信者加大激励性评分比重。推动行业协会商会加强诚信建设和行业自律，表彰诚信会员，讲好行业"诚信故事"。

三、健全约束和惩戒失信行为机制

（九）对重点领域和严重失信行为实施联合惩戒。在有关部门和社会组织依法依规对本领域失信行为作出处理和评价基础上，通过信息共享，推动其他部门和社会组织依法依规对严重失信行为采取联合惩戒措施。重点包括：一是严重危害人民群众身体健康和生命安全的行为，包括食品药品、生态环境、工程质量、安全生产、消防安全、强制性产品认证等领域的严重失信行为。二是严重破坏市场公平竞争秩序和社会正常秩序的行为，包括贿赂、逃税骗税、恶意逃废债务、恶意拖欠货款或服务费、恶意欠薪、非法集资、合同欺诈、传销、无证照经营、制售假冒伪劣产品和故意侵犯知识产权、出借和借用资质投标、围标串标、虚假广告、侵害消费者或证券期货投资者合法权益、严重破坏网络空间传播秩序、聚众扰乱社会秩序等严重失信行为。三是拒不履行法定义务，严重影响司法机关、行政机关公信力的行为，包括当事人在司法机关、行政机关作出判决或决定后，有履行能力但拒不履行、逃避执行等严重失信行为。四是拒不履行国防义务，拒绝、逃避兵役，拒绝、拖延民用资源征用或者阻碍对被征用的民用资源进行改造，危害国防利益，破坏国防设施等行为。

依法依规加强对失信行为的行政性约束和惩戒。对严重失信主体，各地区、各有关部门应将其列为重点监管对象，依法依规采取行政性约束和惩戒措施。从严审核行政许可审批项目，从严控制生产许可证发放，限制新增项目审批、核准，限制股票发行上市融资或发行债券，限制在全国股份转让系统挂牌、融资，限制发起设立或参股金融机构以及小额贷款公司、融资担保公司、创业投资公司、互联网融资平台等机构，限制从事互联网信息服务等。严格限制申请财政性资金项目，限制参与有关公共资源交易活动，限制参与基础设施和公用事业特许经营。对严重失信企业及其法定代表人、主要负责人和对失信行为负有直接责任的注册执业人员等实施市场和行业禁入措施。及时撤销严重失信企业及其法定代表人、负责人、高级管理人员和对失信行为负有直接责任的董事、股东等人员的荣誉称号，取消参加评先评优资格。

（十一）加强对失信行为的市场性约束和惩戒。对严重失信主体，有关部门和机构应以统一社会信用代码为索引，及时公开披露相关信息，便于市场识别失信行为，防范信用风险。督促有关企业和个人履行法定义务，对有履行能力但拒不履行的严重失信主体实施限制出境和限制购买不动产、乘坐飞机、乘坐高等级列车和席次、旅游度假、入住星级以上宾馆及其他高消费行为等措施。支持征信机构采集严重失信行为信息，纳入信用记录和信用报告。引导商业银行、证券期货经营机构、保险公司等金融机构按照风险定价原则，对严重失信主体提高贷款利率和财产保险费率，或者限制向其提供贷款、保荐、承销、保险等服务。

（十二）加强对失信行为的行业性约束和惩戒。建立健全行业自律公约和职业道德准则，推动行业信用建设。引导行业协会商会完善行业内部信用信息采集、共享机制，将严重失信行为记入会员信用档案。鼓励行业协会商会与有资质的第三方信用服务机构合作，开展会员企业信用等级评价。支持行业协会商会按照行业标准、行规、行约等，视情节轻重对失信会员实行警告、行业内通报批评、公开谴责、不予接纳、劝退等惩戒措施。

（十三）加强对失信行为的社会性约束和惩戒。充分发挥各类社会组织作用，引导社会力量广泛参与失信联合惩戒。建立完善失信举报制度，鼓励公众举报企业严重失信行为，对举报人信息严格保密。支持有关社会组织依法对污染环境、侵害消费者或公众投资者合法权益等群体性侵权行为提起公益诉讼。鼓励公正、独立、有条件的社会机构开展失信行为大数据舆情监测，编制发布地区、行业信用分析报告。

（十四）完善个人信用记录，推动联合惩戒措施落实到人。对企事业单位严重失信行为，在记入企事业单位信用记录的同时，记入其法定代表人、主要负责人和其他负有直接责任人员的个人信用记录。在对失信企事业单位进行联合惩戒的同时，依照法律法规和政策规定对相关责任人员采取相应的联合惩戒措施。通过建立完整的个人信用记录数据库及联合惩戒机制，使失信惩戒措施落实到人。

四、构建守信联合激励和失信联合惩戒协同机制

（十五）建立触发反馈机制。在社会信用体系建设部际联席会议制度下，建立守信联合激励和失信联合惩戒的发起与响应机制。各领域守信联合激励和失信联合惩戒的发起部门负责确定激励和惩戒对象，实施部门负责对有关主体采取相应的联合激励和联合惩戒

措施。

（十六）实施部省协同和跨区域联动。鼓励各地区对本行政区域内确定的诚信典型和严重失信主体，发起部省协同和跨区域联合激励与惩戒。充分发挥社会信用体系建设部际联席会议制度的指导作用，建立健全跨地区、跨部门、跨领域的信用体系建设合作机制，加强信用信息共享和信用评价结果互认。

（十七）建立健全信用信息公示机制。推动政务信用信息公开，全面落实行政许可和行政处罚信息上网公开制度。除法律法规另有规定外，县级以上人民政府及其部门要将各类自然人、法人和其他组织的行政许可、行政处罚等信息在 7 个工作日内通过政府网站公开，并及时归集至"信用中国"网站，为社会提供"一站式"查询服务。涉及企业的相关信息按照企业信息公示暂行条例规定在企业信用信息公示系统公示。推动司法机关在"信用中国"网站公示司法判决、失信被执行人名单等信用信息。

（十八）建立健全信用信息归集共享和使用机制。依托国家电子政务外网，建立全国信用信息共享平台，发挥信用信息归集共享枢纽作用。加快建立健全各省（区、市）信用信息共享平台和各行业信用信息系统，推动青年志愿者信用信息系统等项目建设，归集整合本地区、本行业信用信息，与全国信用信息共享平台实现互联互通和信息共享。依托全国信用信息共享平台，根据有关部门签署的合作备忘录，建立守信联合激励和失信联合惩戒的信用信息管理系统，实现发起响应、信息推送、执行反馈、信用修复、异议处理等动态协同功能。各级人民政府及其部门应将全国信用信息共享平台信用信息查询使用嵌入审批、监管工作流程中，确保"应查必查"、"奖惩到位"。健全政府与征信机构、金融机构、行业协会商会等组织的信息共享机制，促进政务信用信息与社会信用信息互动融合，最大限度发挥守信联合激励和失信联合惩戒作用。

（十九）规范信用红黑名单制度。不断完善诚信典型"红名单"制度和严重失信主体"黑名单"制度，依法依规规范各领域红黑名单产生和发布行为，建立健全退出机制。在保证独立、公正、客观前提下，鼓励有关群众团体、金融机构、征信机构、评级机构、行业协会商会等将产生的"红名单"和"黑名单"信息提供给政府部门参考使用。

（二十）建立激励和惩戒措施清单制度。在有关领域合作备忘录基础上，梳理法律法规和政策规定明确的联合激励和惩戒事项，建立守信联合激励和失信联合惩戒措施清单，主要分为两类：一类是强制性措施，即依法必须联合执行的激励和惩戒措施；另一类是推荐性措施，即由参与各方推荐的，符合褒扬诚信、惩戒失信政策导向，各地区、各部门可根据实际情况实施的措施。社会信用体系建设部际联席会议应总结经验，不断完善两类措施清单，并推动相关法律法规建设。

（二十一）建立健全信用修复机制。联合惩戒措施的发起部门和实施部门应按照法律法规和政策规定明确各类失信行为的联合惩戒期限。在规定期限内纠正失信行为、消除不良影响的，不再作为联合惩戒对象。建立有利于自我纠错、主动自新的社会鼓励与关爱机制，支持有失信行为的个人通过社会公益服务等方式修复个人信用。

（二十二）建立健全信用主体权益保护机制。建立健全信用信息异议、投诉制度。有关部门和单位在执行失信联合惩戒措施时主动发现、经市场主体提出异议申请或投诉发现信息不实的，应及时告知信息提供单位核实，信息提供单位应尽快核实并反馈。联合惩戒措施在信息核实期间暂不执行。经核实有误的信息应及时更正或撤销。因错误采取联合惩戒措施损害有关主体合法权益的，有关部门和单位应积极采取措施恢复其信誉、消除不良影响。支持有关主体通过行政复议、行政诉讼等方式维护自身合法权益。

（二十三）建立跟踪问效机制。各地区、各有关部门要建立完善信用联合激励惩戒工作的各项制度，充分利用全国信用信息共享平台的相关信用信息管理系统，建立健全信用联合激励惩戒的跟踪、监测、统计、评估机制，并建立相应的督查、考核制度。对信用信息归集、共享和激励惩戒措施落实不力的部门和单位，进行通报和督促整改，切实把各项联合激励和联合惩戒措施落到实处。

五、加强法规制度和诚信文化建设

（二十四）完善相关法律法规。继续研究论证社会信用领域立法。加快研究推进信用信息归集、共享、公开和使用，以及失信行为联合惩戒等方面的立法工作。按照强化信用约束和协同监管要求，各地区、各部门应对现行法律、法规、规章和规范性文件有关规定提出修订建议或进行有针对性的修改。

（二十五）建立健全标准规范。制定信用信息采集、存储、共享、公开、使用和信用评价、信用分类管理等标准。确定各级信用信息共享平台建设规范，统一数据格式、数据接口等技术要求。各地区、各部门要结合实际，制定信用信息归集、共享、公开、使用和守信联合激励、失信联合惩戒的工作流程和操作规范。

（二十六）加强诚信教育和诚信文化建设。组织社会各方面力量，引导广大市场主体依法诚信经营，树立"诚信兴商"理念，组织新闻媒体多渠道宣传诚信企业和个人，营造浓厚社会氛围。加强对失信行为的道德约束，完善社会舆论监督机制，通过报刊、广播、电视、网络等媒体加大对失信主体的监督力度，依法曝光社会影响恶劣、情节严重的失信案件，开展群众评议、讨论、批评等活动，形成对严重失信行为的舆论压力和道德约束。通过学校、单位、社区、家庭等，加强对失信个人的教育和帮助，引导其及时纠正失信行为。加强对企业负责人、学生和青年群体的诚信宣传教育，加强会计审计人员、导游、保险经纪人、公职人员等重点人群以诚信为重要内容的职业道德建设。加大对守信联合激励和失信联合惩戒的宣传报道和案例剖析力度，弘扬社会主义核心价值观。

（二十七）加强组织实施和督促检查。各地区、各有关部门要把实施守信联合激励和失信联合惩戒作为推进社会信用体系建设的重要举措，认真贯彻落实本意见并制定具体实施方案，切实加强组织领导，落实工作机构、人员编制、项目经费等必要保障，确保各项联合激励和联合惩戒措施落实到位。鼓励有关地区和部门先行先试，通过签署合作备忘录或出台规范性文件等多种方式，建立长效机制，不断丰富信用激励内容，强化信用约束措施。国家发展改革委要加强统筹协调，及时跟踪掌握工作进展，督促检查任务落实情况并报告国务院。

国务院

2016 年 5 月 30 日

3.国家发展和改革委员会办公厅、中国人民银行办公厅关于对失信主体加强信用监管的通知

发改办财金〔2018〕893号

各省、自治区、直辖市，新疆生产建设兵团社会信用体系建设牵头单位：

为全面贯彻党的十九大和十九届二中、三中全会精神，以习近平新时代中国特色社会主义思想为指导，落实党中央、国务院关于加强社会信用体系建设的决策部署，加快构建以信用为核心的新型市场监管机制，根据《国务院关于印发社会信用体系建设规划纲要（2014—2020年）的通知》（国发〔2014〕21号）、《国务院关于建立完善守信联合激励和失信联合惩戒制度加快推进社会诚信建设的指导意见》（国发〔2016〕33号）和《国家发展改革委、人民银行关于加强和规范守信联合激励和失信联合惩戒对象名单管理工作的指导意见》（发改财金规〔2017〕1798号）等文件要求，现就对失信主体加强信用监管有关工作通知如下。

一、充分认识对失信主体加强信用监管的重要意义

党中央、国务院高度重视社会信用体系建设。习近平总书记要求，构建"一处失信、处处受限"的信用惩戒大格局，让失信者寸

步难行；对突出的诚信缺失问题，既要抓紧建立覆盖全社会的征信系统，又要完善守法诚信褒奖机制和违法失信惩戒机制，使人不敢失信、不能失信。李克强总理强调，加快建立联合激励与惩戒机制，使"守信者一路绿灯，失信者处处受限"。

当前，部分地区、部分领域失信现象比较普遍，且高发频发的态势未能得到根本性遏制，严重影响经济社会持续健康发展。贯彻落实党中央、国务院决策部署，加快构建以信用为核心的新型市场监管机制，关键在加强对失信主体的信用监管。一方面要促使失信主体加快整改失信行为、消除不良影响、修复自身信用；另一方面要加大失信成本，引导各类主体依法诚信经营，保持良好的信用记录。通过一系列制度安排，加快化解存量失信行为的社会影响，建立防范和减少增量失信行为发生的长效机制，实现标本兼治，全面增强市场监管能力，增进各类主体诚信意识，提升全社会诚信水平。

本通知所指的失信主体，包括经各地区、各部门（单位）依照法律法规、规章和有关规范性文件，按标准和程序认定并归集至全国信用信息共享平台的各类黑名单、重点关注名单主体。

二、督促失信主体限期整改

建立失信行为限期整改制度。对可通过履行相关义务纠正失信行为、消除不良影响的失信主体，认定部门（单位）应明确整改要求和期限，整改期限与失信信息原则上要向社会公示，确因特殊原因不能公示的，要通过全国信用信息共享平台实现共享。认定部门（单位）可结合实际以适当方式督促失信主体在规定期限内整改。整改到位后，失信主体可提请认定部门（单位）确认；整改不到位的，认定部门（单位）应启动提示或警示约谈程序。

三、规范开展失信提示和警示约谈

建立失信提示、警示约谈制度。按照"谁认定、谁约谈"的原则，由相关部门对在规定期限内整改不到位的重点关注名单主体主要负责人进行一次提示性约谈，对在规定期限内整改不到位的黑名单主体主要负责人进行一次警示性约谈，约谈提纲由省级行业主管部门制定。约谈记录（包括拒绝约谈或不配合约谈等情形）记入失信主体信用记录，纳入全国信用信息共享平台。

四、有序推动失信信息社会公示

建立健全失信信息公示制度。充分运用"信用中国"网站、国家企业信用信息公示系统、各级政府及其部门门户网站等渠道，依法依规向社会公开各类主体失信信息。应公开的失信信息包括行政处罚、执法检查、黑名单，以及司法判决和强制执行等负面记录，重点关注名单可选择性公开。其中，行政处罚信息应自作出行政决定之日起 7 个工作日内通过政府网站公开，并及时归集至"信用中国"网站。对公开的失信信息，应明确公开期限。对涉及企业商业秘密和个人隐私的信息，发布前应进行必要的技术处理。

五、加强失信信息广泛共享

完善失信信息共享制度。以统一社会信用代码为基础，依托全国信用信息共享平台和地方各级信用信息共享平台，归集整合各地区、各部门、各领域失信信息，记于同一主体名下，建立完整的主体信用档案。国家和地方各级公共信用信息中心要将归集整合后的信用信息与各级政府部门和参与联合惩戒的实施单位充分共享，为跨地区、跨部门协同监管、联合惩戒提供支撑。加强个人隐私和信息安全保护，保障信息主体合法权益。

六、加强失信信息定向推送

健全失信信息定向推送制度。各省级社会信用体系建设牵头单位要将失信主体相关信息，按失信联合惩戒措施分别推送给相关实施单位，按地区分别推送给地方政府相关部门。对依法不能公开的失信主体名单信息，通报当事人所在单位或其相关主管部门依法依纪处理。

七、全面落实失信联合惩戒措施

完善失信联合惩戒制度。各省级社会信用体系建设牵头单位参考国家有关部门签署的失信联合惩戒合作备忘录，制定区域性失信联合惩戒措施清单，推动相关部门将查询信用信息、限制约束失信主体嵌入行政管理、公共服务的工作流程。国家和地方各级公共信用信息中心要依托信用信息共享平台开发失信联合惩戒子系统，实现失信联合惩戒发起—响应—反馈的自动化，及时归集上报失信联合惩戒案例。在认真落实各项行政性惩戒措施的同时，要依法依规将失信信息与行业协会商会、信用服务机构、金融机构、新闻媒体等充分共享，推动市场性、行业性、社会性惩戒措施落实落地，加快构建"一处失信、处处受限"的信用惩戒大格局。

八、追溯失信单位负责人责任

建立失信单位负责人责任追溯制度。法人和非法人组织被列入黑名单和重点关注名单的，要对其法定代表人（或主要负责人）和负有责任的相关人员进行问责，将法人和非法人组织的失信信息作为评价其法定代表人（或主要负责人）和负有责任的相关人员信用状况的重要依据，纳入个人信用档案，并共享至全国信用信息共享平台。在对失信单位实施联合惩戒的同时，建立对其法定代表人（或主要负责人）和负有责任的相关人员的联合惩戒机制。

九、引导失信主体开展公开信用承诺

建立健全信用承诺制度。鼓励和引导失信主体按照规定格式作出书面信用承诺。承诺内容包括依法诚信经营的具体要求、自愿接受社会监督、违背承诺自愿接受联合惩戒等。信用承诺书通过"信用中国"网站向社会公开，记入相关主体信用记录，并作为信用修复的重要条件。

十、广泛开展信用修复专题培训

建立失信个人、失信单位法定代表人（主要负责人）信用修复培训制度。县级以上地方政府社会信用体系建设牵头单位应组织对辖区内黑名单、重点关注名单主体主要负责人开展信用修复培训。

培训内容包括宣讲国家社会信用体系建设法规政策、失信联合惩戒措施及其对各类主体的影响、信用修复的方式和程序等，培训不少于三个学时。接受信用修复培训情况记入失信主体信用记录，纳入全国信用信息共享平台。各级社会信用体系建设牵头单位可与失信主体的认定部门（单位）联合举办培训，也可引入行业协会商会、信用服务机构等社会力量举办培训。

十一、建立失信主体提交信用报告制度

建立失信主体信用状况主动报告制度。失信主体被列入黑名单或重点关注名单后，应于申请退出黑名单或重点关注名单时主动提交信用报告。认定部门（单位）在受理失信主体申请退出黑名单或重点关注名单时，应将其信用报告作为重要参考。信用报告由具有资质的信用服务机构出具，并共享至全国信用信息共享平台。

十二、鼓励失信主体开展信用管理咨询

建立信用管理辅导咨询制度。鼓励黑名单、重点关注名单主体委托具有资质的信用服务机构开展信用管理辅导咨询。信用服务机构辅导相关主体建立依法诚信经营理念，完善内部信用管理制度和管理系统，建立维护自身诚信形象、防止失信行为发生的长效机制。

十三、积极稳妥开展信用修复

建立信用修复制度。黑名单、重点关注名单主体在规定期限内

纠正失信行为、消除不良影响的，不再作为联合惩戒对象。建立有利于自我纠错、主动自新的社会鼓励与关爱机制，支持黑名单、重点关注名单主体通过公开信用承诺、参加信用修复专题培训、提交信用报告、参与社会公益服务等方式修复信用。

十四、切实加强行业信用监管

健全行业信用监管制度。发挥行业监管部门的作用，并探索引入第三方机构协同参与行业信用监管，建立健全行业信用记录，开展行业信息公示、风险提示、预警监测、信用管理培训等工作，从行业维度布局社会信用体系建设。

十五、发挥行业协会商会自律性监管作用

建立健全行业协会商会诚信自律制度。发挥行业协会商会的组织作用，建立会员单位信用记录，制定针对会员单位失信行为的惩戒措施清单，并对会员单位的失信信息进行公示和共享。加强行业协会商会自身诚信建设，对行业协会商会做出信用评价。

十六、引入信用服务机构协同监管

建立信用服务机构协同监管制度。发挥信用服务机构的专业作用，引入符合条件的信用服务机构参与协同监管，探索开展信用记录建设、大数据分析、风险预警、失信跟踪监测等工作。在与信用服务机构开展信息共享、第三方评估等合作时，建立相关机构的信用档案。

十七、鼓励创新对失信主体的信用监管

建立鼓励创新信用监管的制度。鼓励以信用承诺助行政审批，以信息公示助行政监督，以协同备案登记助信息归集，以深度介入合同签约履约促守信践诺等，形成以信用承诺、信息公示、协同注册、合同监督为核心运行机制的信用监管体系，支撑和推动全国"放管服"改革。

十八、加强信用监管工作的组织领导

各省级社会信用体系建设牵头单位要高度重视对失信主体的信用监管工作，积极主动、探索创新，大力协调相关部门，突出以信用监管为重要抓手，认真落实信用监管各项制度措施，全面推动社会信用体系建设各项工作。各级公共信用信息中心要切实做好信用信息归集、共享、公示以及联合惩戒的支撑服务工作。

十九、加强考核评估确保任务落实

组织国家公共信用信息中心将国家层面认定的黑名单、重点关注名单分解至各地区，组织第三方机构对各地区根据分解到的失信名单开展培训、约谈、惩戒、辅导咨询、信用报告、信用修复等工作情况进行评估。第三方评估结果作为对各省（区、市）社会信用体系建设考核和城市信用状况监测评估的重要内容。各地区要逐级分解工作任务，确保落实到人。

二十、加强宣传引导营造良好社会氛围

注重挖掘失信主体接受信用监管、修复自身信用状况的典型案例，以及地方经验做法，充分运用"信用中国"网站、《中国信用》杂志和其他各类社会媒体，广泛开展交流观摩和宣传报道。适时组织第三方机构开展典型案例评选，进一步形成主体关注信用记录、政府部门加强信用监管、全社会共同关心社会信用体系建设的良好环境。

本文件自发布之日起试行，有效期截至 2020 年 12 月 31 日。

国家发展改革委办公厅

人民银行办公厅

2018 年 7 月 24 日

4. 印发《关于对涉金融严重失信人实施联合惩戒的合作备忘录》的通知

（发改财金规〔2017〕454号）

各省、自治区、直辖市和新疆生产建设兵团有关部门、机构：

为深入贯彻党的十八大和十八届三中、四中、五中全会精神，落实《国务院关于印发社会信用体系建设规划纲要（2014-2020年）的通知》（国发〔2014〕21号）和《国务院关于建立完善守信联合激励和失信联合惩戒制度加快推进社会诚信建设的指导意见》（国发〔2016〕33号）有关要求，加快推进涉金融领域信用体系建设，建立健全涉金融失信联合惩戒机制，按照"褒扬诚信、惩戒失信"的原则，严厉打击涉金融违法失信行为，营造公平竞争、优胜劣汰的市场环境，国家发展改革委、人民银行、银监会、证监会、保监会、最高人民法院、中央宣传部、中央编办、中央文明办、中央网信办、工业和信息化部、财政部、人力资源和社会保障部、商务部、国资委、海关总署、税务总局、工商总局、质检总局、公务员局、外汇局等部门联合签署了《关于对涉金融严重失信人实施联合惩戒的合作备忘录》。现印发给你们，请认真贯彻执行。

附件：关于对涉金融严重失信人实施联合惩戒的合作备忘录

国家发展改革委　人民银行　银监会

证监会　保监会　最高人民法院

中央宣传部　中央编办　中央文明办

中央网信办　工业和信息化部　财政部

人力资源和社会保障部　商务部　国资委

海关总署　税务总局　工商总局

质检总局　公务员局　外汇局

2017 年 3 月 9 日

关于对涉金融严重失信人实施联合惩戒的合作备忘录

为深入贯彻党的十八届三中、四中、五中全会精神，落实《国务院关于促进市场公平竞争维护市场正常秩序的若干意见》（国发〔2014〕20号）、《国务院关于印发社会信用体系建设规划纲要（2014-2020年）的通知》（国发〔2014〕21号）等文件精神及"褒扬诚信、惩戒失信"的总体要求，促进大数据信息共享融合，创新驱动健全社会信用体系，根据《关于加强涉金融严重失信人名单监督管理工作的通知》规定，国家发展改革委、人民银行、银监会、证监会、保监会、最高人民法院、中央宣传部、中央编办、中央文明办、中央网信办、工业和信息化部、财政部、人力资源和社会保障部、商务部、国资委、海关总署、税务总局、工商总局、质检总局、公务员局、外汇局等部门就针对涉金融领域严重失信者开展联合惩戒工作达成如下一致意见：

一、联合惩戒对象

联合惩戒对象为列入涉金融严重失信人名单的当事人。当事人为企业的，联合惩戒对象为企业及其法定代表人，实际控制人、负有个人责任或直接领导责任的董事、监事、高级管理人员，负有直接责任的从业人员；当事人为社会组织的，联合惩戒对象为社会组织及其法定代表人和负有直接责任的工作人员；当事人为自然人的，惩戒对象为自然人本人。

二、联合惩戒机制

涉金融严重失信人名单列入部门通过全国信用信息共享平台按照统一格式向国家发展改革委报送失信人名称、统一社会信用代码、失信情形、处罚决定等信息。国家发展改革委建立涉金融严重失信人名单管理系统，并通过全国信用信息共享平台向各备忘录签署部门推送相关信息。各备忘录签署部门依据法律法规对列入涉金融严重失信人名单的当事人，执行或协助执行本备忘录规定的惩戒措施，并按季度将执行情况通过该系统反馈给国家发展改革委。

三、惩戒措施及实施部门和单位

（一）依法限制参加依法必须进行招标的工程建设项目招标投标和政府采购活动

依法限制失信名单当事人作为投标人参加依法必须进行招标的工程建设项目招标投标，或者作为供应商参加政府采购活动，由国家发展改革委、财政部等相关部门实施。

（二）在安排补贴性资金时作审慎性参考

在补贴性资金和社会保障资金安排过程中，将涉金融严重失信人名单信息作为审慎性参考依据，由国家发展改革委、财政部、人力资源和社会保障部、国资委等相关部门实施。

（三）享受优惠性政策审慎性参考

在实施投资、税收等优惠性政策时，将相关机构及其法定代表人、实际控制人、董事、监事、高级管理人员是否列入涉金融严重失信人名单的情况，作为其享受该政策的审慎性参考，由国家发展改革委、商务部、税务总局、质检总局实施。列入涉金融严重失信人名单的当事人申请适用海关认证企业管理的，不予通过认证；已经成为认证企业的，按规定下调企业信用等级。对列入涉金融严重失信人名单的当事人进出口货物实施加严监管，在办理通关业务时，加强单证审核或布控查验，由海关总署、质检总局实施。

（四）加强日常监管检查

将列入涉金融严重失信人名单的当事人作为重点监管对象，加大日常监管力度，按照相关规定，提高随机抽查的比例和频次，依据相关法律法规对其采取行政监管措施，由各市场监管、行业主管部门实施。

（五）供设立商业银行或分行、代表处以及参股、收购商业银行审批时审慎性参考；设立证券公司、基金管理公司、期货公司审批，私募投资基金管理人登记参考；供设立保险公司、保险资产管理公司、保险代理公司、保险经纪公司审批时参考，供保险公估机构备案参考；限制设立融资性担保公司；限制设立非银行支付机构；设立银行卡清算机构受理审批时参考；限制设立网络借贷信息中介机构。

将涉金融严重失信人名单相关信息作为设立商业银行或分行、代表处以及参股、收购商业银行的审批时作审慎性参考，由银监会实施；将涉金融严重失信人名单相关信息作为设立证券公司、基金管理公司、期货公司审批，私募投资基金管理人登记的依据或参考，由证监会实施；将涉金融严重失信人名单相关信息供设立保险公司、保险资产管理公司、保险代理公司、保险经纪公司审批及保险公估机构备案的依据或参考，由保监会实施；限制列入涉金融严重失信人名单的当事人设立融资性担保公司，由地方政府确定的融资性担保公司监管机构实施；限制设立非银行支付机构，由人民银行实施；设立银行卡清算机构受理审批时参考，由人民银行、银监会实施；限制设立网络借贷信息中介机构，由省级人民政府承担地方金融监管职责的部门实施。

（六）限制发行企业债券及公开发行公司债券；在银行间市场发行非金融企业债务融资工具限制注册，并按照注册发行有关工作要求，强化信息披露，加强投资人保护机制管理，防范有关风险；在上市公司收购的事中事后监管中予以重点关注

限制失信名单企业公开发行公司债券，对情节严重的，在上市公司收购的事中事后监管中予以重点关注，由证监会实施；对列入涉金融严重失信人名单的当事人在银行间市场发行非金融企业债务融资工具限制注册，由人民银行实施；限制失信名单企业发行企业债券，由国家发展改革委实施。

（七）在核准与管理相关外汇额度时作审慎性参考

在合格境外机构投资者、合格境内机构投资者额度审批和管理中，将涉金融严重失信人名单信息作为审慎性参考依据，由外汇管理局实施。

（八）供金融机构融资授信时审慎性参考

引导各金融机构在融资授信时查询拟授信对象及其法定代表人、实际控制人、董事、监事、高级管理人员是否为失信名单当事人，对拟授信对象为列入涉金融严重失信人名单的当事人进行从严审核，由人民银行、银监会实施。

（九）中止境内国有控股上市公司股权激励计划或终止股权激励对象行权资格

对列入涉金融严重失信人名单的当事人为境内国有控股上市公司的，协助中止其股权激励计划或终止其股权激励对象行权资格，由国资委、财政部实施。

（十）限制担任国有企业法定代表人、董事、监事、高级管理人员

列入涉金融严重失信人名单的当事人为个人的，限制其担任国有独资企业高级管理人员及国有独资公司法定代表人、董事、监事，限制提名为国有资本控股公司、国有资本参股公司董事、监事人选；已担任相关职务的，提出其不再担任相关职务的意见。由国资委、财政部、工商总局以及各地方人民政府实施。

（十一）限制任职融资性担保公司或金融机构的董事、监事、高级管理人员；限制任职证券公司、基金管理公司、期货公司的董事、监事和高级管理人员，对其证券、基金、期货从业资格申请予以从严审核，对已成为证券、基金、期货从业人员的相关主体予以重点关注；限制任职保险代理公司、保险经纪公司、保险公估公司的董事长、执行董事、高级管理人员；限制任职私募基金管理人的法定代表人、董事长、执行董事、总经理和执行事务合伙人以及其他高级管理人员的参考；限制任职非银行支付机构的董事、监事、高级管理人员；限制任职银行卡清算机构的董事、高级管理人员的参考。

限制列入涉金融严重失信人名单的当事人任职金融机构的董事、监事、高级管理人员，由银监会、国家发展改革委、保监会、工信部、财政部、工商总局等具有金融机构任职资格核准职能的部门结合自身法定职能，依法依规实施；限制列入涉金融严重失信人名单的当事人任职融资性担保公司的董事、监事、高级管理人员，由地方政府确定的融资性担保公司监管机构结合自身法定职能，依

法依规实施；限制列入涉金融严重失信人名单的当事人任职证券公司、基金管理公司、期货公司的董事、监事和高级管理人员，对其证券、基金、期货从业资格申请予以从严审核，对已成为证券、基金、期货从业人员的相关主体予以重点关注，由证监会实施；限制任职保险代理公司、保险经纪公司、保险公估公司的董事长、执行董事、高级管理人员，由保监会实施；限制任职私募基金管理人的法定代表人、董事长、执行董事、总经理和执行事务合伙人以及其他高级管理人员的参考，由证监会实施；限制任职非银行支付机构的董事、监事、高级管理人员，由人民银行实施；限制任职银行卡清算机构的董事、高级管理人员的参考，由人民银行、银监会实施。

（十二）限制登记为事业单位法定代表人

列入涉金融严重失信人名单的当事人为个人的，限制登记为事业单位法定代表人，由中央编办实施。

（十三）限制招录（聘）为公务员或事业单位工作人员

限制招录（聘）列入涉金融严重失信人名单的当事人为公务员或事业单位工作人员，由中组部、人力资源和社会保障部、公务员局等有关部门实施。

（十四）禁止参评文明单位、道德模范

对于机关、企事业单位、社会团体或其领导成员为列入涉金融严重失信人名单的当事人的，不得参加文明单位评选，已经取得文明单位荣誉称号的予以撤销。各类列入涉金融严重失信人名单的当事人均不得参加道德模范评选，已获得道德模范荣誉称号的予以撤销。由中央宣传部、中央文明办实施。

（十五）限制在检验检测认证行业执业

对列入涉金融严重失信人名单的人员，限制在检验检测认证行业执业。由国家认监委实施。

（十六）限制取得检验检测认证机构资质，限制获得认证证书

对列入涉金融严重失信人名单的法人，限制取得检验检测认证机构资质；限制获得认证证书，已获得认证证书的，暂停或撤销相应的认证证书。由国家认监委实施。

（十七）通过"信用中国"网站和企业信用信息公示系统向社会公布

将失信名单当事人信息通过"信用中国"网站、企业信用信息公示系统向社会公布，由国家发展改革委、工商总局实施。

（十八）通过主要新闻网站向社会公布

协调相关互联网新闻信息服务单位向社会公布失信名单当事人信息，由中央网信办实施。

四、其他事宜

各部门和单位应密切协作，积极落实本备忘录，制定涉金融严重失信人名单信息的使用、管理、监督的相关实施细则和操作流程，确保2017年6月底前实现涉金融严重失信人名单信息共享和联合惩戒。

本备忘录实施过程中的具体操作问题，由各部门另行协商解决。

5. 印发《关于加强涉金融严重失信人名单监督管理工作的通知》

发改财金规〔2017〕460 号

各省、自治区、直辖市和新疆生产建设兵团有关部门、机构：

为深入贯彻党的十八大和十八届三中、四中、五中全会精神，落实《国务院关于印发社会信用体系建设规划纲要 (2014—2020 年) 的通知》(国发〔2014〕21 号) 和《国务院关于建立完善守信联合激励和失信联合惩戒制度加快推进社会诚信建设的指导意见》(国发〔2016〕33 号) 有关要求，加快推进涉金融领域信用体系建设，建立健全涉金融失信联合惩戒机制，按照"褒扬诚信、惩戒失信"的原则，严厉打击涉金融违法失信行为，营造公平竞争、优胜劣汰的市场环境，国家发展改革委、人民银行、银监会、证监会、保监会、商务部、最高人民法院联合签署了《关于加强涉金融严重失信人名单监督管理工作的通知》。现印发给你们，请认真贯彻执行。

附件：关于加强涉金融严重失信人名单监督管理工作的通知

国家发展改革委　人民银行银监会

证监会　保监会　商务部

最高人民法院

2017 年 3 月 9 日

关于加强涉金融严重失信人名单监督管理工作的通知

各省、自治区、直辖市和新疆生产建设兵团有关部门、机构：

为全面贯彻党的十八大和十八届三中、四中、五中全会精神，落实《国务院关于建立完善守信联合激励和失信联合惩戒制度加快推进社会诚信建设的指导意见》（国发〔2016〕33号）和《国务院关于印发社会信用体系建设规划纲要(2014—2020年)的通知》（国发〔2014〕21号）等有关要求，加快推进金融领域信用体系建设，建立健全失信联合惩戒机制，严格落实对涉金融严重失信人的各项惩戒措施，决定加强涉金融严重失信人名单管理工作。现将有关事项通知如下：

一、涉金融严重失信人名单的适用主体和情形

涉金融严重失信人名单管理，是指将金融活动过程中违反法律法规且情节严重的金融活动主体列入涉金融严重失信人名单，并由相关部门依据所适用的法律法规对其实施联合惩戒，同时通过"信用中国"网站等平台向社会公示的系统性工作。这项工作是净化金融环境、规范金融秩序的重要举措，对促进金融活动参与主体守法守信有重要意义。

（一）适用主体。涉金融严重失信人名单适用以下金融活动参与主体：

1.经国务院金融监管机构批准设立的金融机构，或依法经登

记、备案从事相关金融活动的机构；

2.经相关管理部门批准设立的从事相关金融活动的机构和企业；

3.经工商注册成立的从事相关金融活动的机构和企业；

4.自然人、法人和其它社会组织等金融交易对手方或融资主体；

5.以上机构或企业的法定代表人、董事、监事、高级管理人员及对失信行为负有直接责任的从业人员；

6.国家发展和改革委员会会同相关管理部门规定的其他涉及金融活动的主体。

(二)适用情形。适用主体有下列情形之一且情节严重，经相关管理部门认定，应将其列入涉金融严重失信人名单：

1.有履行能力而不履行债务等恶意逃废债行为；

2.一方当事人故意提供虚假情况，或者故意隐瞒真实情况，以及利用其他诈骗手段，骗取对方当事人财产的诈骗行为；

3.有非法集资行为或从事非法证券期货活动；

4.其他涉及金融犯罪被依法追究刑事责任的行为和因违反金融监管规定被依法处以较重行政处罚的行为。

二、涉金融严重失信人名单的管理

(一)名单认定。相关管理部门根据法院判决、法院裁决、行政处罚或行政认定决定，确定涉金融严重失信人名单。人民法院应当将符合本通知规定的相关生效刑事判决、失信被执行人名单在内的有关信息推送给相关政府管理部门，由相关政府管理部门将符合适用情形的相关机构或个人纳入涉金融严重失信人名单。相关政府管理部门应自行政处罚或行政认定决定生效起 5 个工作日内，将符合适用情形的相关机构或个人列入涉金融严重失信人名单。国家发展和改革委员会会同相关管理部门共同确定统一的名单列入原则和尺度以及各领域具体列入标准。

（二）名单报送。各相关管理部门通过全国信用信息共享平台报送涉金融严重失信人名单，形成涉金融严重失信人名单数据库。报送内容应当包括失信机构名称（或失信个人姓名）、统一社会信用代码（或公民身份证号码）、列入部门、列入日期、列入事由。对于失信人为法人的，应同时报送其法人代表和法人代表身份证号。对于符合移出标准的失信人，应报送移出日期和移出事由。

（三）名单公布。除依法不得公开和特殊情况不宜对外公开的之外，国家发展和改革委员会应通过"信用中国"网站统一向社会公布全国涉金融严重失信人名单。各地各级相关管理部门可以根据各地实际情况，将本辖区或本层级的涉金融严重失信人名单通过网络、出版物等媒介予以公布。涉金融严重失信人名单全国适用。

（四）联合惩戒。各相关部门依据所适用的法律法规对列入涉金融严重失信人名单当事人开展联合惩戒，惩戒措施包括市场禁入、限制参加政府采购、限制补贴性资金支持等。具体参与部门和惩戒措施由《关于对涉金融严重失信人实施联合惩戒的合作备忘录》明确。

各级相关管理部门应当将已列入涉金融严重失信人名单的金融活动主体纳入重点监管对象，加大监管审查频次，对再次发生违法违规和失信行为的，依法从重处罚。各级相关管理部门应将惩戒执行情况及惩戒案例通过全国信用信息共享平台报送至国家发展和改革委员会。

(五)名单移出。列入涉金融严重失信人名单所依据的法院判决、法院裁定、行政处罚或行政认定决定被撤销或被变更后不符合适用情形的,列入部门应当在知道相关决定后5个工作日内,通过全国信用信息共享平台向国家发展和改革委员会提出移出申请,国家发展和改革委员会核实后,可以将其移出涉金融严重失信人名单并予公告。

除法律法规另有规定外,已列入涉金融严重失信人名单满5年后,且列入期间未再次出现适用情形的情况,由全国信用信息共享平台将相关名单移出。

对人民法院判决实施监禁刑罚的失信人,列入期限为自法院判决生效至刑罚执行完毕后满5年。列入期间未再次出现适用情形的,由全国信用信息共享平台将相关名单移出。

在被列入涉金融严重失信人名单期间再次出现适用情形的,其移出时间自新的失信行为认定之日起顺延五年,并更新涉金融严重失信人名单相关信息。

(六)异议处理。金融活动参与主体对被列入涉金融严重失信人名单有异议的,可以向列入部门提出书面申诉并提交相关证明材料。列入部门应当在5个工作日内决定是否受理。不予受理的,将不予受理的理由书面告知申诉人;予以受理的,应当在20个工作日内核实,并将核实结果书面告知申诉人。通过核实发现列入涉金融严重失信人名单存在错误的,应当自查实之日起5个工作日内予以更正,并通过全国信用信息共享平台报送至国家发展和改革委员会。

(七)失信提醒。相关管理部门将符合适用情形的失信主体列入失信人名单前,应告知失信主体。相关机构向涉嫌违反合同约定的融资主体通知或催告时，可以提示其可能被列入涉金融严重失信人名单的风险。

三、组织保障

（一）相关管理部门负责本领域涉金融严重失信人名单管理工作，制定本领域涉金融严重失信人名单管理细则；负责本领域涉金融严重失信人名单的列入、移出等管理工作；负责违法违规失信行为主体信息的归集和报送工作；联合其他部门和社会组织依法依规对严重失信行为采取惩戒措施。相关管理部门可以委托或授权行业协会参与或承担上述工作。

（二）国家发展和改革委员会负责在"信用中国"网站设立涉金融严重失信人名单管理专栏；负责及时更新涉金融严重失信人名单目录及惩戒处罚措施等信息；负责建设涉金融严重失信人名单信用信息管理系统，开展对涉金融严重失信人实施联合惩戒工作的信息归集、跟踪、监测和评估。

（三）相关管理部门在涉金融严重失信人名单管理过程中，滥用职权、玩忽职守、徇私舞弊的，应当追究法律责任。